中國改革
的歧路

朱嘉明

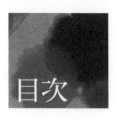

目次

在中國期待進步主義

錢永祥

朱嘉明先生是五星紅旗下誕生的第一代人，與共和國一起度過了文化大革命、改革開放、以及六四事件這三大歷史階段。他在本書中對中國當前體制歧路的分析與前瞻，表現了這一代人在歷經滄桑、志業未竟之後，身為國家主人的責任感卻依然昂揚。

　　朱嘉明在文化大革命的年代成長於北京。身為「老三屆」中較為年輕的一輩，他捲入了兩千萬學生上山下鄉的浪潮，在十年之間務農做工，先去西藏、後駐守黑龍江、再到山東，直到 1978 年考取文革後的第一屆研究生為止，在貧窮的青春歲月中見證了中國革命最亢奮也最灰暗的十餘年。

　　從 1979 年開始，朱先生參與了當時剛啟動的改革開放。以國務院的研究單位為立足地，他與一批經歷、志向相近的年輕人，針對當時中國在工業、農業、歷史與國際關係等方面的迫切問題進行研究與思考，撰寫文章，發揮過一定的影響，列名時稱的「改革四君子」之一。接下來，他參與籌辦了 1984 年的「莫干山會議」，聚全國中青年經濟學者於一堂研討經濟改革的具體問題，在當時意義深遠。他也擔任過趙紫陽時代「三所一會」中「中信國際所」的副所長，對國際政治、經濟問題進行廣泛的研究。

　　但是八十年代的改革共識來不及見到結果。1989 年天安門流血鎮壓之後，黨與知識界分裂、黨內的保守派與改革派分裂、知識界的內部也告分裂，多數改革運動的主力分子被迫退隱或者流亡。朱嘉明主動中斷了此前的人生軌跡，先是積極參與海外民主運動，擔任過民運組織負責人，之後又浪跡海外多年，最後執教於維也納大學經濟系，繼續他的思想與著述工作。

像朱嘉明這樣由文革、改革開放、與六四這三大歷史局面所塑造出來的一代人，往往能對中國的歷史、現狀與前景提出獨特的全局觀點。畢竟他們所經歷的時代與事件，曾經具有撼動歷史、讓國家命運翻轉的宏大意義，養成了他們大局著眼的習慣。在這方面，朱嘉明也不例外。本書所收三篇文章，均表現出了這種時代精神面貌。〈訪談〉交代個人相對於國家歷史的經歷與想法。訪談之外的兩篇文章，一篇以建立合法性的努力與失敗為脈絡，縱向分析人民共和國六十年（並上溯民國）的歷史經驗，作為今天的教訓；另一篇聚焦於八個現實問題，橫向剖析政治制度與發展模式，動態認識今天中國的國情。這種透過縱橫兩個維度掌握上下全局的視野，並不是一般學院社會科學的近視習慣所能企及的。

但是朱嘉明本人的專業研究領域，卻是極其現實的經濟運作策略問題，他本人也「厭惡討論主義」，所以他的論述即使宏觀，仍處處貼近現實，關注所在是社會、國家的如何歸於「正常」。

中國今天不夠正常嗎？朱嘉明的一個論斷或許已經足以傳達他所憂心的癥結所在：中國看來十分強大，但又顯得十分脆弱。國家的經濟、軍事、國際地位已經躋身於強國之列，不過整套體制的正當性（合法性）卻愈來愈空洞虛渺。民間的剝奪感、不信任感、不安全感高漲，冷漠、譏誚、虛無的氣氛瀰漫在官員、知識分子、以及一般人民的言行之中。統治者則圍繞著家世與權力凝聚成利益集團，在風聲鶴唳中以高強度的維穩換取苟安。

朱嘉明認為這個局面的代價太高，也無法持久。由於急迫的危機感在心，他不取冷漠、譏誚、虛無的作態，但他也不相信再一場

改革或者更激進的革命能夠解決問題。他認為問題所在是八十年代的改革後來走上了歧路，其標誌就是社會財富的分配嚴重不公平；而財富壟斷與掠奪的成因，乃是政治體制上的封閉與壟斷。他寄希望於回到八十年代，不是回到那時的任何主義，而是回到八十年代的價值觀，「藏富於民」與「還權於民」。換言之，朱嘉明並不是按照左與右、資本主義與社會主義、民族主義與西化主義的覆轍思考，也不是在緬懷一個已逝的金色年代。而是借鑑於「進步主義」的「民生」與「民權」的雙重價值，要求國民在這個政治共同體中能夠平等的參與、能夠自主的安排生活、能夠按照公平原則共享社會的財富。

這種價值觀，能不能成為今日中國分裂局面中的最大共識？我並不很樂觀，但是我認同朱嘉明的思考方向。人民共和國的創建、共產黨的社會主義革命，當初所許諾的是民主、公有、平等、結束壓迫與剝削，到今天竟然退化到國家主義、官僚與權貴的資本主義，淪落為全世界最不公平、貧富最懸殊的社會之一，部分原因正是社會主義所高舉的進步價值遭到扭曲與異化，中國的黨國背棄了最基本的社會主義的人道門檻：即每個個人的 1. 基本權利平等、2. 政治參與的權利平等、3. 生活機會與物質分配的公平。今天中國知識界各種新說爭奇鬥艷，對於無數個別國民的命運與遭遇卻關心不多；嘉明兄自勉「同情、懂得、理解貧窮，關懷窮人，才能理解經濟學精髓，成為真正的經濟學家」的情懷，在學界更屬罕見。我認為，嘉明兄用美國進步主義詮釋八十年代的改革運動的價值觀，不僅在歷史上可信，並且有助於今天中國的社會逐漸找到一種「平民

的理想主義」來恢復道德生機。今天的進步主義若想實現憲政民主與機會公平的雙重訴求，就必須為了一般人民抗衡官僚資本主義、權貴資本主義，尤其應該為農民工、為女性、為少數民族、為偏遠地區與都市角落的弱勢國民，爭取他們應有的權益，讓他們都能分享國家權力與社會發展的成果。

這樣的呼籲來自朱嘉明這樣的一位知識分子，格外有其分量。他的文革經歷、他在八十年代的參與、他的挫敗與流亡，無數中國人都有親身的體會與情感上的共鳴。他歷劫歸來，國門對他雖仍設防，他並無怨懟激憤，反而以精衛填海、杜鵑啼血般的關愛心情盼望國事上軌道，國人能夠過上安定、公平的生活，我相信這份謙和、純樸的心志，更會令本書讀者感到親切與動容。

嘉明兄在台灣出版此書，要求我寫序。我並不以為自己有能力來議論本書論點的短長，但是說來感慨，我倒是很能夠體會嘉明兄在字裡行間洋溢著的切切心情與殷殷用意，也很信服他的進步價值觀有著深重意義（包括對於兩岸關係的積極、正面意義），因此我願意藉著書序表達我的感動與認同。我深信讀者——無論身在大陸，在台灣、或者在其他地方——讀過本書之後，會同意我的這一點點體會。

錢永祥

2012 年 12 月 28 日於南港／汐止

中國改革的歧路

回歸憲政民主之路

朱嘉明

獻給讀者的這本書收入了三篇文章：一篇 2011 年的「訪談」，一篇 2012 年 12 月的「講演」，一篇過去半年多的「筆記」。「訪談」以個人經歷為線索，力求反映從 1950 年代到「文化大革命」，再到 1980 年代改革的歷史邏輯；「講演」是揭示共產黨執政的合法性危機和不斷革命、持續改革之間的關係；「筆記」選擇了當下中國面臨的八個問題加以分析。這三篇文章，試圖在縱向審視中國當代歷史的同時，也從橫切面剖析中國現階段最重要的經濟、政治和社會問題。其最終目的是為了回答：為什麼中國的改革走上了歧路？

　　中國改革走上歧路的根本標誌是社會財富分配的不公正。在改革初期，人們普遍認為社會主義可以解決「公平」問題，卻無法解決「效率」問題，需要引進市場經濟的競爭機制。為此，不得不犧牲一部分「公平」以換取「效率」，並付出一定的社會代價。然而，經過三十餘年的改革，在中國成為世界經濟大國，物質財富不斷增長的同時，卻變成了世界上貧富差距擴大最快的國家；也是全球貧富差距最大的國家之一，至少排在日本、德國、美國、印度之前。[1]

---

1 基尼係數是世界公認的衡量居民收入差距程度的指標。根據中國官方統計，中國基尼係數在 1978 年是 0.317，2000 年開始越過 0.4 的「警戒線」，2004 年達到 0.465。此後，官方不再公布國內的基尼係數。中國社科院報告稱，2006 年中國的基尼係數已經達到 0.496；2012 年 12 月，中國西南財經大學報告顯示，2010 年中國家庭收入的基尼係數為 0.61。報告結論是：「當前中國的家庭收入差距巨大，世所少見。」（《大公財經》，2012 年 12 月 11 日）。另據英國《經濟學人》：中國的基尼係數在 1980 年不足 0.3，在 2010 年是 0.42（也有 0.48 的計算）。拉丁美洲國家的基尼係數從 2000 年的 0.53 下降到 2010 年的 0.50。（《經濟學人》雜誌，2012 年，10 月 13~19 日）

中國人民付出了「公平」的代價，卻沒有分享到「效率」的果實。廣大民眾都不認為他們自己是改革的真正受益者。

在今天的中國，占人口絕大多數的民眾得到的是很小部分的社會財富。在他們中間，有多少工人下崗，有多少農民工血汗得不到補償，有多少農民失去家園、家庭破碎，有多少青春女子墮入色情行業，有多少人被迫生存在生態遭到毀壞的環境中，還有多少人得不到最低限度的社會保障。這樣的代價已經為整整一代人所承受，但要償還這筆龐大的社會負債，卻不是下一代人可以完成的。新生「富有」階層的人口比重不過百分之幾，卻占有了絕大部分的社會財富。這個「富有」階層的財富從原始積累到高速膨脹，少有來自辛勤的體力勞動和創造性腦力勞動，也少有來自技術創新，而是高度依賴政治特權和制度性腐敗，寄生於不斷擴大的壟斷和寡頭經濟。

到底是什麼原因，使中國改革背離初衷走上歧路？是中國的政治體制。是極權主義、威權主義和集權主義「雜合」而成的「中國特色」政治體制。在這樣的政治體制下，不可能有權力制衡、法律約束和輿論監督，不可能建立合理的產權制度，不可能形成真正的市場經濟，不可能實現生產要素的合理配置。權力和財富的結合，傳統行政資源和現代市場經濟工具的結合，本土資本和國際資本的結合，壟斷國企和跨國公司的結合，「土八路」、「紅衛兵」和「華爾街」的結合，「共產主義」和「福特主義」、「消費主義」的結合，「中央集權主義」和「凱恩斯主義」的結合，使中國突變出一種古今中外罕見的奇特「能量」。此種由貪欲、權勢和資本混合而

中國改革的歧路

9

成的「能量」，導致中國社會的全面失衡。

有一種很有影響的說法：以投資拉動和依賴出口的增長模式已經不能繼續。這只說對了一部分。支撐過去增長模式的還有充裕和廉價的勞動力，以及與之聯繫地不公平的分配制度。如果說，中國經濟發展曾經有過「改革紅利」的話，這個「紅利」並沒有在全民中間進行合理分配，人民事實上早已被剝奪了參與分配的權利。如今，財富的不公正分配、嚴重的貧富差距，不僅徹底完結了「改革共識」，而且從根本上動搖了經濟發展和增長的民意基礎，戳破了「增長就是一切」的迷思。多年來，不少人比較中國和俄羅斯、東歐，認為中國的「漸進改革」或者「增量改革」要優於俄羅斯和東歐的「休克療法」，甚至實現了「偉大」的制度轉型。[2] 顯然，這樣的結論下得過早。評價任何歷史性變革，經濟增長速度並非最重要；重要的是經濟增長所帶來的財富如何公平分配，以及經濟增長是否具有可持續性。

如果把「改革」比喻為行駛了三十五年的一輛列車，十幾億人是乘客，政府是車組人員。車組人員已經更換多次，車體很少維修。乘客從失望到絕望，卻依然不知道這趟改革列車還要走多久，盡頭在哪裡。現在，已經到了全體乘客和車組人員都要面對如何把列車從歧路搬回正軌的時候了。否則，列車越走越遠，難以避免出軌傾覆的危險。這樣的代價是整個民族和國家所承擔不起的。

2 近年來，最有代表性的是若干外國學者作為集體作者的著作：[美] 勞倫‧勃蘭特，湯瑪斯‧羅斯基編，《偉大的中國經濟轉型》，格致出版社，2009 年。

什麼是改革的正確軌道？1980年代旨在經濟上「藏富於民」和政治上「還權於民」的改革，就是中國曾經實踐過的正確軌道。我們需要重新審視和繼承1980年代的改革遺產。為此，必須轉變「運動就是一切」的思維方式，正視「改革的宗旨、內容和目標」。現在最緊迫和重要的選擇是：打破壟斷資本主義和既得利益集團的格局；抑制壟斷，建立市場經濟，實現公正競爭；增加促進社會平等的公共支出，重建國民收入分配體系；徹底改革稅收制度，使之更公平、更有效率；縮小貧富差距，緩和社會矛盾。而實踐所有這些選擇，都需要一個得到權力制衡和人民監督的好政府，也就是「憲政民主」政府。

　　「憲政民主」的路就在前面擺著。中國現在的問題早已不是憲政民主道路對不對、可行不可行，而是如何邁出第一步的問題。統治階層須糾正其對人民素質的嚴重偏見，克服對民主政治的恐懼，並破除既得利益集團的反對和抵制。人民則需要信心、理性、勇氣和參與。烏坎村民已經做出了很好的榜樣。

　　在這方面，19世紀末20世紀初興起於美國的「進步主義」運動，很值得思考和借鑑。那時美國的市場經濟和民主制度陷入危機：壟斷嚴重，貪婪和腐敗盛行，貧富差距急速擴大，社會分裂，道德水準低落，「只要我能發財，讓公眾利益見鬼去吧」的理念瀰漫全國。但隨著進步主義運動的展開，美國開始實施反托拉斯法抑制壟斷，制定法律保護環境、保障勞工利益、保護食品安全。今天回頭再看美國的「進步主義」，不難發現其最重要的特徵就是：在避免社會分裂的前提下，縮小貧富差距，促進公平，增加平等機會。

1910 年 8 月 31 日，曾在進步主義運動中扮演重要角色的前總統希歐多爾‧羅斯福告訴人民：每一次為了人類更好所進行的富有智慧的鬥爭，都要以實現更大程度的機會平等作為最主要的目標。[3]

今日中國也需要一個類似美國「進步主義」的社會運動。然而，美國當時的民主制度和公民社會已經相當成熟，並為「進步主義」提供了歷史前提；通過這次運動，民主制度和公民社會也得到進一步的鞏固和發展。中國顯然尚不具備這些條件。就此而言，中國的社會進步亟需突破政治體制的制約，從而實現社會進步和政治進步的良性循環。追求實現憲政民主和促進機會平等，是擺在我們眼前急迫的雙重任務。

憲政民主也是世界的主流和潮流。自冷戰結束，蘇聯解體，俄羅斯和其他獨立之後的前加盟共和國，以及東歐國家實現了民主憲政的轉型；絕大多數的拉美國家，亞洲的印尼、馬來西亞、緬甸等國家，越來越多的非洲國家，先後回歸民主憲政之路。近年來，阿拉伯世界重新啟動民主憲政進程。民主憲政迅速在發展中國家得到普及。普世價值和民主思想從來沒有像今天這樣在世界範圍內得到如此傳播。這一切表明，在當代世界存在著兩種全球化，一種是由跨國公司主導的，以資本和貿易自由化為特徵的全球化；還有一種由數十億人民主導的，以民主憲政為特徵的全球化。沒有後一種全

---

3 希歐多爾‧羅斯福（Theodore Roosevelt, 1858-1919）演講原文是："In every wise struggle for human betterment","one of the main objects, and often the only object, has been to achieve in large measure equality of opportunity"。

球化，人民不可能制衡與前一種全球化相聯繫的跨國公司的擴張，政府和壟斷企業的聯盟和制度性的貪污腐敗；人民也沒有可能形成對抗世界範圍內貧富差距擴大的國際壓力。中國不應該也不可能長期地脫離和違背後一種全球化。

當這本書和讀者見面的時候，已是 2013 年 1 月。百年前的 1913 年，是中國現當代史上的關鍵一年。這年以全國性的參眾兩院複選、憲法討論會成立開始，接著宋教仁遇刺，孫中山發動「二次革命」，袁世凱依法就任大總統。到了年末，新國歌《於萬斯年歌》廣泛傳唱。但正是在這一年，中國與民主憲政失之交臂，種下了不按法治原則解決政治衝突的先河，國家也從此進入了持續不斷的政治動盪和各式各樣的革命。[4] 我多麼希望百年之後的 2013 年，能成為中國各種健康力量得以整合，重新建立分配正義，形成「憲政民主」共識和啟動民主化進程的歷史拐點。

朱嘉明

2012 年 12 月 28 日 於國立台灣大學

---

4 就在此書付印時刻，英國《經濟學人》雜誌（2012 年 12 月 22 日–2013 年 1 月 4 日）刊文〈宋教仁之歌〉（"The song of Song"），講到 1913 年 3 月 20 日宋教仁在上海火車站的遇刺身亡，並未被世界所知曉。但是，它可能改變了中國的歷史。文章提出了這樣的假設：如果宋教仁未被刺殺，孫中山就不可能發動「二次革命」，袁世凱也不可能有那麼大的權力。整個國家就不會陷入災難。這是一個其實存在著其他選擇的歷史關頭。

中國改革的歧路

朱嘉明先生訪談錄

陳宜中

中國改革的歧路：
朱嘉明先生訪談錄[1]

一、早期經歷

陳宜中（以下簡稱「陳」）：是否可以從您的家庭背景談起？

朱嘉明（以下簡稱「朱」）：我是北京人，漢人，但朱家在清朝
卻是「在旗」的，據說是正藍旗或者鑲藍旗。到我曾祖父那代
為止，朱家在清朝是沒有實權的官員。曾祖父似乎與頤和園
1894 年前後的建設有極大關係，所以，爺爺是在頤和園裡長
大的。北京豐台地區有個叫做「朱家墳」的地方，以及北京釣
魚台一帶，曾經是朱家祖墳。遺憾的是家譜在文革期間毀之一
炬。我的外祖父家族和清王朝也有相當的關係，他本人後來離
家出走，終老在北京的東嶽廟。總的說，不論是父親還是母親
的家族，自民國初年開始急遽衰敗，到了我父母結合的時候，
雙方的家境多已破落。

我爸爸 1913 年出生，我母親 1917 年出生。我有兩個哥哥，

1 此訪談於 2011 年 6 月 3 日在台北紫藤廬進行，由陳宜中、王超華、錢永祥提問；經陳
宜中編輯、校對，並於 2012 年 3 月補充提問後，由朱嘉明修訂、確認。此訪談之三
萬字精簡版，原刊登於聯經《思想》季刊第 22 期（2012 年 11 月），並授權大陸《共
識網》轉載。本書所收的版本是同一訪談的全文。

一個姐姐。大哥 1935 年出生，二哥 1940 年出生，姐姐 1938 年出生，接下來還存活的就是我。哥哥姐姐的年齡大我很多。父親從我四歲時就長期在外地工作，每年只有探親假回家，所以我與母親相依為命。

陳：北京對您意味著什麼？

朱：文化革命之前的北京對我是刻骨銘心的，當時的北京不是今天的北京，和老舍筆下的北平其實相差得不太多。老舍在〈想北平〉中說過：他所愛的北平不是枝枝節節的一些什麼，而是整個兒與他的心靈相黏合的一段歷史，一大塊地方，多少風景名勝，每一小的事件中有個他，他的每一思念中有個北平，這只有說不出而已。我也是這樣。我家住在景山前街一帶，西邊是北海，東邊是景山，南面是故宮。我在小學期間，幾乎每天都要去北海和景山。我的中學就在什剎海和後海之間，在恭王府旁邊。在那個年代，北京的城門還殘留著，從城裡很容易看到西山，在西直門外有水稻田，街坊四鄰中不乏前朝遺老遺少。在我的流亡生涯中，想到北京，就想到老舍的話：要落淚了，真想念北平呀！

陳：您母親對您影響很大？

朱：是的。我母親是個「活在昨天」的人，小的時候她帶著我走過北京很多不同的地方，告訴我這些地方和朱家以及她父親家族的關係，使得我對晚清和民國年代有與教科書不同的認識。在

我童年，我的兩個哥哥對我也有很大影響。在上小學之前，我常常聽著他們談話，包括我大哥參加東北牙克石一帶和蘭州到烏魯木齊鐵路勘測和建設的經歷，關於如何準備高考的數理化，對「解放前」的記憶，以及對毛澤東、郭沫若等大人物和反右的看法。我還經常跟著大哥去北京圖書館，記得參加過普希金朗誦會。1959 年初，我大哥與一個所謂的「反革命小組」有牽連，加之說過如果中國發生匈牙利事件也要上街的話，而遭到拘留，只是因為不是正式成員而沒有被判刑。這個「反革命小組」不過是北京高校的一些年輕人，不滿時政，懷疑馬克思主義。因為我大哥，民警對我家進行了搜查，甚至把我的作業和圖畫本踩在腳下。這個記憶一直伴隨我長大。我家禍不單行，1958 年，不足 18 歲的二哥就讀於內蒙古工學院。到了「困難」時期，學生吃不飽，有些學生說還是「解放前」好，甚至將國民黨旗掛起來。這在那個時代是重大政治事件，所有參與者都受到很嚴厲的懲罰。我二哥不是參與者，但是，因為圍觀和沒有報告，遭到留校察看、開除團籍的處分。兩個哥哥在政治上的遭遇，徹底影響了他們後來的人生軌跡，使得我們家長期生活在政治陰影之中，每一個人都活得很沉重。

陳：談談您在文革之前的教育？

朱：我是 1958 年上的小學，小學的名字是北京西板橋小學。入學就趕上了大煉鋼鐵運動。因為小學與北京市少年宮很近，我在 1960 年通過激烈競爭，考上了少年宮的繪畫組，之後還參加

了書法組和圍棋隊。我的課餘時間主要在少年宮。小學四五年級之後，開始大量看書。北京少年宮的圖書館，是當時北京青少年最喜歡的圖書館，我幾乎窮盡這個圖書館裡的歷史和科普書籍。此外，我還到北京西城區圖書館，西四新華書店讀書。應該說，我真正的轉折點是 1964 年。那年我上初中，北京男十三中。

陳：什麼樣的轉折？

朱：進入中學之後，最強烈的感受是發現學校講政治和講家庭出身。班上半數以上的同學在小學都是少先隊中隊長和大隊長，很有政治意識，關心國家大事，紛紛申請加入「共青團」。一些幹部、軍人和工農子弟很快顯現出某種優越感。我感到一種無形的壓力。例如，我對共青團是什麼樣的組織根本不知道，分不清「大寨」和「大慶」的差別，不知道《毛澤東選集（甲種本）》與《毛澤東選集（乙種本）》有哪些不同。後來，學校組織我們學習「四清」方面的文件，第一次知道了「階級鬥爭」之類的概念。我對於政治似乎沒有感覺，決心在各科成績上領先，為此放棄畫畫和寫詩，每天補數學，準備跳級，將來考大學選天文學專業。到了初一下學期，我變成全班功課最好的。初二上學期我被《人民日報》看上了，選我為北京市的中學通訊員。這在那個時候是件大事，為此受到黨支部書記曹立珊的接見。

王超華（以下簡稱「王」）：他們是怎麼看上您的？

朱：說不清楚。似乎是《人民日報》通過什麼管道找一些作文比較好的小孩。當時共產黨內那些知識分子幹部也是舊時代過來的，並不以政治標準為最高標準。

陳：您在初中二年級，文化大革命就開始了。可否談談文革經歷？

朱：1966 年 6 月，文化革命開始不久，劉少奇和鄧小平就組織工作組進駐北京的中學。進入我們學校的工作組來自「團中央」，即中國共產主義青年團中央委員會。在工作組進來之前，學生已經自組織，每個班、每個年級都成立了「文化革命領導小組」，我被推選為初二年級的文化革命領導小組組長。

　　不多久，毛澤東從湖南回到北京，工作組很快撤走。幾乎是同時，所謂出身好的中學生開始控制所有中學的權力。1966 年 7 月 8 日，我的初二年級文革組長的權力被罷免，而且遭到長時間批判。在整個北京市的中學，文革變成由「老兵」主宰，譚力夫的「老子英雄兒好漢，老子反動兒混蛋，基本如此」的對聯衝擊了中學和大學，導致在北京中學和大學關於「血統論」的激烈辯論。1966 年 8 月初，在我們學校的高三二班，與「北京四中」的代表進行了關於「血統論」的辯論。四中來的包括不久之後在「西糾」和「聯動」中的風雲人物，至少有後來成為中信集團董事長的孔丹，還有薄熙來的哥哥薄熙永。他們給我的印象是發育良好、器宇軒昂，有的穿著父輩的軍服。辯論涉及到諸如革命的根本問題是什麼，四中提出政權問題，十三中主張農民問題。辯論結果是：「血統論」難以成立。

王：那是學校對學校，還是派系對派系？

朱：那時還沒形成什麼派系，是學校對學校。但是很快的，文化革命進入了「紅色恐怖」階段。從所謂的「破四舊」開始，接著是抄家、抓人、批鬥、打人，被打死和自殺的情況到處發生。

　　但是，在「紅色恐怖」席捲北京前夕，我們學校已經打死了一個所謂的地主，四、五十歲，住在離學校不遠的定府大街。在學校的操場上，他先被批鬥，接著被拳打腳踢，還動用了壘球棒，後來就不動了。有的初一學生用打碎的玻璃，在他的後背和屁股上劃開一道長口子，肉翻開來，沒有血，確認死亡。後來有平板車把人拉走了。此人很可能是北京中學生在校園裡被打死的第一人。今天，大家談論文革受難者時，很容易關注那些有頭有臉的人。但是我們學校打死的這個人，沒有人記得其姓名。另外，我們學校有個學名武素鵬，外號小七的初三同學，被老紅衛兵用木頭步槍打死，是小人物，被王友琴記載在她那本著名的《文革受難者》中了。上面的兩件事對我刺激和震動極大。我同情死者。

　　此時，北京十三中改名叫「抗日軍政大學附屬中學」，校旗也變了，很快成立了由革（命）軍（人）、革（命）幹（部）、工人子弟組成的學校臨時領導機構。北京西城區成立了紅衛兵糾察隊，也就是「西糾」。到了秋天，大串連開始。老紅衛兵組織「聯動」，全名叫「紅衛兵聯合行動委員會」。之後，高幹子弟受到了中央文革的打擊。這樣，沒有參加各類紅衛兵的中學生開始建立自己的組織。我和一些同學成立的組織叫做

「黃河戰略大隊」，並出版了若干期的油印小報《黃河》和《漫天雪》。這是我生平第一次享有「出版自由」。

陳：在北京的中學文化革命中，哪些事件的影響較大？

朱：應該是遇羅克的〈出身論〉。遇羅克本人並不是中學生，但是在 1966 年末和 1967 年初，他的〈出身論〉發表在只出了兩期的《中學文革報》上，造成後人不可想像的影響。遇羅克的文章，易懂而雄辯，在批判「血統論」的表像背後，是對人權和人的尊嚴的捍衛，全面挑戰了中國的政治制度。所以，即使在文革那樣混亂的時期，統治者也絕不容遇羅克這樣挑戰其思想體系和意識型態的人。《中學文革報》很快遭到查封，遇羅克本人也被投入監獄，拖到 1970 年初被處決了。

按照當時的分類，我既非「紅五類」也非「黑五類」[2]。對於我們這樣的人來說，天然反感血統論。但是，遇羅克對我們的影響超越了對血統論的批判，他是那個時代的先知先覺者，是推動我們這代人解放思想和提供系統的新思想的先驅。遇羅克批判「血統論」，是因為他已經意識到中國存在「世襲」的可能性。今天的所謂「太子黨」問題，其實是「血統論」的一種歷史延伸。

1967 年春天，毛澤東有個「三七批示」，內容是要復課

---

2 紅五類指革命軍人、革命幹部、工人、貧農和下中農；黑五類指地主、富農、反革命、壞分子和右派。

鬧革命，對所有中學實施軍訓，其實就是軍管。到了 1967 年
3 月，整個北京的中學徹底被軍事接管。與此同時，所有的「老
兵」即老紅衛兵被從監獄或者拘留所裡統統釋放。當時的北京
衛戍區司令李鐘奇在釋放他們的時候，發表了「要高幹子女接
班」的講話，結果導致北京中學生的歷史性分裂，出現了「四三
派」和「四四派」。「四三派」和「四四派」的出現不是偶然
的，是理解當代中國政治的不可忽視的歷史事件。

王：「四三派」、「四四派」和「老兵」的關係是什麼？

朱：當時，「老兵」泛指一切在文革初期毛澤東支持的「老紅衛兵」，
　　以及後來的「聯動」。

　　　　「四三派」、「四四派」的出現和「老兵」是有關係的。
　　上面所說的李鐘奇的該講話，很快傳播到北京各個中學。幾天
　　之內，很多中學生走上街頭反對李鐘奇，「打倒李鐘奇」的標
　　語貼遍了北京城。這是一個巨大的能量，任其發展下去，勢必
　　導致「復課鬧革命」和「軍訓」失敗。所以，中央文革小組很
　　害怕，4 月 3 日在人民大會堂，召集中學生代表開了一個會。
　　這個會上，中央文革的主要成員嚴厲批評了李鐘奇，陳伯達用
　　福建話說李鐘奇的思想是「龍生龍，鳳生鳳，老鼠的兒子會打
　　洞」。由此而形成「四三派」。

　　　　第二天，4 月 4 日，中央文革為了平衡中學生的不同政治
　　力量，又接見了另一批中學生代表，於是又形成了「四四派」。
　　四三派一般都是知識分子出身，不屬於黑五類，也不是紅五

類。四四派一般都是工農或幹部子弟。我是四三派。現在的國務院副總理王岐山大概是「四四派」，他是北京三十五中的。[3]在四三派、四四派之外，還有老兵。此時「聯動」重新復活。北京各個中學在 1967 年 4 月之後，或者被「四三派」主導，或者被「四四派」主導。那年夏天，「四三派」、「四四派」以及老兵之間的「文鬥」和「武鬥」開始趨向激烈。因為武鬥，北京中學生中還死了一些人。今天想起來，還是很傷感。在 1967 年，北京中學生的各個派別還都組織了合唱團。我們中學高三有一位叫楊小陽的「老兵」，被稱為「聯動」的央行行長。據說他為了組織合唱團，截留抄家的現款和存摺。有人說全部金額在二十萬左右。[4]在 1970 年代，大學畢業生的一年工資不過是七、八百元，二十萬相當於二百八十年的總收入，無疑是一筆鉅款。在 1960 年，中國發生過著名的趙守一事件，主犯因為騙取二十萬人民幣而被處決。

陳：「四三」、「四四」與「聯動」，除了社會成分的差異外，有沒有政見分歧？

朱：「四三派」和「四四派」的分歧相當深刻，涉及到中國社會是否要以家庭出身作為等級基礎，以及共產黨政權是否只能由自己的子弟接班。那時，核心問題就是「中國這個國家，究竟誰

---

3 也有一說王岐山是「四三派」，此事尚有待求證。
4 數字來自魏京生：《我的自傳》（網路版）中「準備撤到廣州集體逃港」一節。

是接班人？」「四四派」認為，中國是工農的天下，當然是工農子弟接班。「四三派」並不以為然。毛澤東也注意到了「血統論」問題。1967 年，在一次中央會議上，毛澤東向與會者推薦了《觸讋諫趙太后》一文，提出只有嚴格要求子女，才能避免資本主義復辟。不言而喻的，毛認為自己的子弟接班時，只是要避免「君子之澤，五世而斬」。我做的第一次政治性演講，是在 1967 年 7 月，地點是中國音樂學院。我用法國大革命的理論去解釋文革，題目是〈四三、四四派的起源及其在歷史上的影響〉。那時我十六歲，又先後創辦了《革命軍》和《斯巴達克斯》油印小報。

進一步說，共產黨的意識型態基礎是階級理論，其政權的合法性是以進行階級鬥爭為前提的。「血統論」是階級差別存在和不斷延續的前提。這樣，所謂的「無產階級專政」才可以不斷有「敵人」和「專政」的對象。中國至少到文化革命時期，「憲法」稱所有的公民是平等的，但其實不然。按照共產黨的正統說法，那時的中國社會是個階級社會，工人階級和貧下中農是主人，其他階級只有被主人統治的選擇。在學校、工廠、農村、街道，所謂出身好的優越感和出身不好的自卑感，時時可見。出身不好的，上不了大學、娶不上媳婦是司空見慣的。於是，對於很多年輕人，選擇什麼樣的結婚對象也成了改變身分、減少出身帶來的「原罪」的途徑。

還值得提的是，在文革期間，北京中學生中有一個人物，學名是周長利，外號「小混蛋」，1968 年 6 月死在「老兵」

的亂刀之下，17歲。姜文的《陽光燦爛的日子》和王山的《血色浪漫》都對「小混蛋」的原型有所演繹，但並非公正。其實，「小混蛋」的悲劇反映的是：「小混蛋」代表的平民青少年團夥和高幹子弟為主體的「老兵」之間的矛盾，以江湖的方式展開和血腥的方式結束。如果說，遇羅克是那個時代某種精神和思想的象徵，那麼，「小混蛋」則是那個時代平民社會畸形反抗的符號。只是人們更願意記住遇羅克，而不是「小混蛋」。

陳：當時北京的中學有「造反派」嗎？

朱：我始終沒有用「造反派」一詞，因為這是個很模糊的概念，至今難以定義。歷史的真實是，「造反派」中有極端的毛主義左派，還有以造反為名，實際上要挑戰共產黨建立的政治制度的右派。右派在文革後期「清理階級隊伍」的運動中遭到嚴厲整肅。極端的毛主義左派，在文革結束之後，被定義為跟隨「四人幫」進行「打砸搶」的壞人，基本被打入十八層地獄。

陳：中學生文革是如何收場的？

朱：文革到了1967年秋天以後，已是強弩之末。隔年，全中國的中學生開始大規模上山下鄉。這可能是人類現代歷史上罕見的從城市到鄉村的人口大遷移，在兩年左右的時間，近二千萬知識青年離開城市走向鄉村。當時中國人口大約是七億，城市人口不過是二億，二千萬相當於城市人口的十分之一。伴隨中學生的上山下鄉和工廠務工，以「老三屆」為主體的中學生與大

學生的文革告一段落。

　　「老三屆」是指在 1966 年文革開始時的初一至初三，高一至高三，大一至大三的學生。他們的出生年代大約是 1945-46 年至 1952-53 年。上山下鄉，間接影響了中國今日的政治生態。因為文革中分派別，各自都集結去一個地方，於是就形成了一塊一塊，為日後留下了不同的種子。在 1980 年代之後至今的三十年間，「老三屆」對中國的歷史進程影響重大。中國共產黨十八大之後的黨和國家領導人的主體就是「老三屆」，而「上山下鄉」是「老三屆」最重要的人生經歷。

陳：您個人去了哪裡？

朱：我的經歷相對複雜一些。我先去了西藏，又轉到黑龍江，再去山東。在西藏是在西藏軍區政治部農場；在黑龍江是在黑龍江生產建設兵團的四師，其轄區從當時的雞東縣到發生珍寶島武裝衝突的虎林縣的東方紅鎮；在山東是在交通部所屬的一個建設海港和碼頭的機構。

陳：在這些不同地方，您有哪些收穫？

朱：去西藏是我們一些志同道合的同學的自願選擇，不是國家分配的。西藏的主要收穫是對西藏的人文地理，特別是藏傳佛教有了初步認識。即使在文革時代，也無法根本動搖藏民的宗教信仰。我們帶了大批的書前往西藏，也有狂讀這些書的時間。晚上還可以收聽「美國之音」。1969 年 7 月 20 日，美國阿波羅

登月行動就是從「美國之音」中聽到的。和被當作敵國的美國相比，人家有發達的科學技術，我們這兒天天搞文化革命，反差之大，極受觸動。文革期間，收聽「美國之音」犯的是收聽敵台罪，是要坐牢的。後來，因為西藏高原缺氧，我的十個指甲全部瘸了，而且聽說漢人很快就會得心肌炎，於是我就決定離開西藏，去了黑龍江。

黑龍江生產建設兵團是經過毛澤東 1969 年 6 月 18 號批示成立的。我在黑龍江兵團的時間是 1969 年的 9 月至 1975 年的 12 月。在這六個寒暑中，我學會了各種農活。1972 年，我寫的對《蘇聯政治經濟學教科書》的批判文章，受到當時國家計委的重視，被調到第四師的師政治部，任務是訓練全師營級幹部的馬克思列寧經典著作學習。四師師部所在地一度是文革前的「八一農墾大學」。文革並沒有破壞到這所大學的圖書館，這裡藏書很多，成為我系統讀書的理想之地。應該說，黑龍江時期是我思想成熟時期。我開始思考文化革命的問題，特別是中國國民經濟問題。從此開始了致力於經濟學研究的人生之路。

1975 年冬天，我自黑龍江來到山東青島，但是大部分時間並不是在青島市，而是在膠南縣的一個軍港建設工地度過的。在那裡，我獨立完成了八十萬字的《中國社會主義政治經濟學》。這是根本沒有可能出版的書，具有明顯的時代特徵和我專業訓練局限性的特點。但是，這本書的寫作過程迫使我對中國各個經濟部門有所研究，這對我在 1978 年參加中國社會

科學院的第一屆研究生的課程考試，是有益的。

二、回顧 1980 年代

陳：您為何選擇了中國社會科學院的工業經濟研究所？

朱：當時，猶豫過是考經濟研究所的政治經濟學專業還是工業經濟專業，最後還是決定工業經濟。回憶起來有兩個主要因素：其一，經歷文革十年，對於中國社會有了非常實際的了解。我是個注重實踐的人，相信中國需要現代化，而現代化主要是工業化，工業經濟與工業化關係緊密。背後是「實業救國」的傳統。其二，工業經濟研究所成立於 1978 年 4 月，生機勃勃，其主要負責人有傳奇的經歷和故事。例如，所長馬洪，1920 年出生，曾經是「高崗反黨集團」的「五虎上將」之一。他是經濟改革啟動時期的一位領軍人物，當時也不過六十歲左右。副所長蔣一葦曾經是重慶共產黨地下黨，辦過《挺進報》，又當過右派。黨組書記是陸斐文，延安抗大畢業生，是共產黨內少有的主管過大企業和工業部門的女性經濟專家。朱鎔基也是工經所的。他們都參加過 1950 年代第一個五年計畫的實施，對中國的工業和國民經濟運行非常熟悉。

陳：從 1978 年至 1981 年，在您讀三年研究生期間，恰恰是中國發生歷史性轉折的時刻。

朱：生逢其時。剛剛開學不久，共產黨的十一屆三中全會召開，我

們聽到公報十分激動。那時的我決定積極參與經濟改革，從經濟入手和從體制內推動中國變化。但是，我仍然十分關心北京西單民主牆運動，每天下課之後乘 22 路公共汽車去看那裡的大字報。

那時的中國社會科學院研究生院，沒有自己的校址，暫借北京師範大學辦公室，一些課程在臨時木板房裡上。但是，這並不妨礙像周揚、孫冶方這樣的名人來校上課。研究生院的院長是周揚，實際負責人叫溫濟澤，是個很有活力的老革命。我是同學中最早發表學術論文的，主張社會主義需要競爭，該文 1979 年夏天發表在上海的《學術月刊》上，引起關於社會主義和市場競爭關係的討論。之後我參與創辦研究生院院刊《學習與思考》。

陳：有您在內的「改革四君子」上書，是否是您直接參與改革的契機？

朱：我參與經濟改革首先是因為馬洪。1979 年，國務院組織了四個小組，著手經濟改革的研究，我參加了其中的一個小組叫「經濟結構組」，第一次全面了解中國宏觀經濟的歷史、演變和問題。由此，開始有了自己的一些主見。

至 1980 年，中國長期積累的各類國民經濟問題全面顯現。人們在如何面對「改革」和「調整」的關係上頗有分歧。這年秋冬，我試著用當時所學的宏觀經濟學，以及在「經濟結構組」領悟的結構分析方法，而不是傳統的政治經濟學語言去分析當

時的國民經濟形勢，形成了一篇很長的東西。

在寫作過程中，與同班的黃江南多次討論。黃江南曾經也是黑龍江兵團的，當過工農兵學員，專業是數學。黃江南在經濟問題上有很多創見，他是中國第一個人，按照自己的方法，提出了和科爾奈（János Kornai）短缺經濟學相同的結論。雖然那時誰也不認識科爾奈。而我們那篇東西的本質，就是建立在短缺經濟學理論上。但是，黃江南的弱點是動筆不勤快，不能將自己的想法變成最終產品。又因為這篇大文章涉及中國的農業問題，黃江南建議找翁永曦。文革時，翁永曦是高二，後來上山下鄉到內蒙，當過農村大隊共產黨書記，也是工農兵學員，在北京大學學習國際關係，曾提出「跟工農兵畫等號」。畢業之後，他再次返回農村。1970 年代末，翁永曦回到北京，先在《農民報》，後遇到中國農業經濟改革的重要人物杜潤生這個伯樂，被調進「農村政策研究室」工作。翁永曦除了熟悉農業、農村和農民之外，還有歷史大視野，曾經提出過「中國百年復興」設想，很為胡耀邦賞識。有了翁永曦的加入，這篇文章進一步充實。之後，因為林春或者李銀河的建議，又結識了王岐山。那時，王岐山在中國社會科學院的近代史所民國研究室工作，之前畢業於西北大學歷史系，在西安碑林工作過一段時間。此時，我們四人的領域包括了工業、農業、歷史和國際關係。所謂的「改革四君子」的組合就是這樣。最後定稿的文章題目是〈關於我國當前經濟形勢和國民經濟調整的若干看法〉。這篇文章的定稿地點是車公莊旁邊的北京市委黨校。我

們在那裡租了一個房間。在這個小房間裡，還與厲以寧討論過
西方經濟學和國民經濟問題。

陳：這篇文章的主要思想是什麼？為經濟決策的領導人接受嗎？

朱：這篇文章的思想其實很簡單：1980 年前後的中國經濟面臨著
實體經濟和經濟制度的雙重問題。我們用「結構性經濟危機」
概括當時的國民經濟形勢，認為這是長期實行僵化的計畫經濟
制度的必然結果。進而分析「結構性經濟危機」的機制，得出
中國面臨的根本性問題是社會總需求全面超過社會總供給，能
源供給不足和財政收入低下是那時國民經濟最突出的薄弱環
節。因此，需要通過政府干預，刺激短線部門發展，實行有限
的和積極的財政政策以避免蕭條，容忍一定水準的通貨膨脹，
調整人民幣匯率以擴大出口。我們的結論是明確的：中國必須
改革，因為改革關係到中華民族的生存和發展。這篇文章因為
有一個流傳甚廣的二十四字概括：「抑需求，穩物價；捨發展，
求安定；緩改革，重調整；大集中，小分散」，導致了後來諸
多的誤解。

　　客觀地說，這篇文章的理論基礎包括了對計畫經濟制度的
批判，以及宏觀經濟學的某些分析方法，開創了對中國經濟進
行實證分析，特別是宏觀經濟形勢的對策性研究的先河。

　　這篇文章得到了姚依林、陳雲和趙紫陽的支持。趙在中南
海接見我們時，開門見山地說：作為共和國總理，和不到三十
歲的年輕人討論國民經濟，這是第一次。陳雲在不久後的中央

一次會議上，也公開肯定了我們的對策思路。此外，王岐山向他岳父姚依林做了匯報，姚也當面仔細聽取了我們的說明。

我們四人是盡可能的低姿態，但是，因為文章在《紅旗》雜誌內部文稿和其他內參的發表，在北京的影響很快擴散。不知是誰開始稱我們「改革四君子」，當然，還有人稱我們是「工業黨」，因為我和黃江南都是學工業的，以區別由陳一諮發起的「農村發展組」的「農民黨」。

王：當時陳雲、鄧小平和趙紫陽，對經濟政策的看法一致嗎？

朱：1980年代初期，在「調整」和「改革」的關係上，陳雲、姚依林、鄧小平和趙紫陽之間並沒有明顯的分歧。那時，就對國民經濟的熟悉程度來說，幾乎沒有什麼人超過陳雲和姚依林。我們私下稱姚依林為「姚公」。鄧力群也是為經濟改革搖旗吶喊的，而且全力支持陳一諮的「農村發展組」。但是，進入 1980 年代後半期，陳雲和姚依林在改革問題是跟不上時代的，與鄧小平和趙紫陽比較，趨於保守甚至僵化。

至於趙紫陽，他是共產黨歷史上的一個特例，有過廣東、內蒙和四川的諸侯或者封疆大吏的經歷，不僅懂得農業、工業、對外經濟，而且有改革意識。趙主政四川之後，除了農村改革，最大的事情就是開始擴大企業自主權。他的超常記憶、理解和學習能力，也給我們留下了深刻印象。

趙紫陽在中南海接見我們的時候，才入主國務院不久，在北京一度是孤勢無援。要想對傳統體制進行改革，需要新生力

量。因此，趙在整個 1980 年代都高度重視年輕人。我記得，就在我們和趙紫陽見面不久，趙就帶著翁永曦視察山東。後來，趙紫陽還帶過其他年輕人陪他視察，似乎王小強次數多一些，還有華生、周其仁。趙紫陽帶年輕人，在途中不斷交談。

在這裡，我要提到趙紫陽的兩個秘書，一個是人們熟知的鮑彤，另一個是李湘魯。李湘魯是我們同代人。鮑彤和李湘魯都是才思敏捷，他們不斷地幫助趙紫陽發現新思想和新人才。

陳：六四之後鮑彤不僅坐牢，而且至今沒有真正獲得自由。您如何評價鮑彤的歷史地位？

朱：鮑彤的歷史地位和貢獻，至今沒有得到公正的評論。在六四之前，鮑彤不僅是趙紫陽的秘書，而且是中共中央政治局常委秘書，中共中央委員，是中央政治改革小組的負責人。鮑彤首先是一個充滿人道主義的共產主義者，是一個對改革充滿激情，甚至不乏浪漫情懷的中國知識分子，也是一個對中國經濟和政治制度問題有深刻批評精神的共產黨員。毫無疑義，趙紫陽和鮑彤之間不僅僅是上下級關係，而是互動的良師益友的關係。我本人非常喜歡鮑彤的才華和個性，他對青年人的支持從來是不遺餘力的。1985 年 4 月，「北京青年經濟學會」在全國科協禮堂成立，鮑彤任會長，我任第一副會長。我在六四之前最後一次見鮑彤，是在平安裡廠橋的「政改辦」，即中共中央政治改革辦公室。六四之後，鮑彤之子鮑樸告訴我，我的博士論文一直放在鮑彤書桌上。而那時鮑彤在監獄裡。我聽了特別難過。

錢永祥（以下簡稱「錢」）：是否可以說，在 1980 年代，你們這批年輕人在那麼短的時間內脫穎而出，根本原因是得益於趙紫陽，以及像鮑彤這樣在趙紫陽身邊的「近臣」？

朱：我同意這個判斷。趙紫陽和青年人的關係是中國共產黨歷史上的獨特現象，很可能是絕響。當時的歷史大背景很重要：1980 年代改革全面開始，人才短缺，胡耀邦和趙紫陽都有著強烈的「不拘一格降人才」的意識。他們身體力行地破除「血統論」的影響，不再以家庭出身作為提拔標準。中國的改革是以否定「階級鬥爭」理論為前提的。沒有「階級」和「階級鬥爭」，家庭出身和「血統論」遭到社會主流價值觀的排斥。我從來認為，這是不得了的歷史進步，是一種人的解放。這種人的解放集中體現在年輕一代。1977 年恢復高考，已經基本不再看家庭出身和政治面目，是否是共產黨或共青團；只要有本事，就可以上大學和讀研究生，還可以有更多的機會。在那個時候，我們這些學經濟的青年，確實得到了更多機會和更大舞台。

1984 年 9 月，青年一代的經濟學者在浙江省召開了對中國改革歷史有深遠影響的莫干山會議，對經濟改革和開放中的基本問題不僅做了戰略思考，而且系統提出政策性建議，標誌著我們這代青年人整體正式走上中國經濟改革的大舞台。後來，以青年人為主體，建立了「三所一會」，即「中國經濟體制改革研究所」、「中國農村發展研究所」、「中信國際所」和「北京青年經濟學會」。「三所一會」的主要成員來自中國不同地方，不乏平民和農家子弟。

陳：你們算是趙的「小內閣」？

朱：這不是事實，問題也不這樣簡單。第一，共產黨是有規矩的，沒有哪個人可以建立自己的「小內閣」或者「影子內閣」，即使鄧小平也沒有可能；第二，我們這些年輕人沒有體制內的經歷，普遍對共產黨政治缺乏認識，被共產黨的官僚體制視為異類；第三，我們充其量不過是趙紫陽改革的「智囊團」。如果沒有後來的六四，如果在這些年輕人中有更多的走入官場，是否可以改變共產黨的政治生態，是值得討論的。

錢：在那個時候，你們有競爭者嗎？

朱：當然有。只是當時的競爭者似乎比較隱蔽。為了說明這樣的競爭者，我以翁永曦的命運為例。翁永曦的政治才能相對成熟，受到了包括杜潤生、萬里、趙紫陽和胡耀邦的共同賞識。1981年，在沒有經過共產黨體制內的科、處、司、局級別的情況下，他直接被任命為「中央書記處農村政策研究室」副主任，相當於副部級幹部，這個任命還刊登在《人民日報》的第一版。這年翁永曦三十四歲，創造了共產黨提拔幹部的先例。但是，從此之後，翁永曦不斷遭到外人不知的一股很大的力量反對。在鄧的干預下，翁永曦最終被撤職和開除黨籍。期間，翁永曦還下放到安徽省鳳陽縣擔任第二書記，為農民做了很多工作，成為那時著名的電視連續劇《新星》的原型。據我所知，反對翁永曦的是京城裡的一些高幹子弟。翁永曦的父親也是老革命，很早參加了新四軍。

我是這樣看我們這代人，特別是京城裡的「老三屆」：廣義的幹部子弟，尤其是人們稱之為「太子黨」的，受父輩的耳濡目染，確實有較高的政治意識和接班情結；一般的知識分子和工農子弟的政治意識相對薄弱。翁永曦成為了幹部子弟之間競爭的最早犧牲品，這是值得歷史研究的事件。它不僅改變了翁永曦的人生軌跡，而且使得共產黨失去了一個精彩的人物，可惜得很。

陳：可否談談您在「國務院技術經濟研究中心」的工作經歷？

朱：從根本上說，「國務院技術經濟研究中心」的成立是因為趙紫陽。鄧小平主掌中國之後的總理人選需要有改革精神，不僅懂農業，還要懂工業，懂改革開放。趙紫陽是少有的符合這些條件的。但是，趙紫陽在京城裡並沒有各種淵源，到京任總理之後，意識到必須建立具有改革意識和思想的新型研究機構。這種新機構不是傳統的政策研究室，不是簡單地會寫文章、寫報告，不是文人，而是各類專家。馬洪成為了趙紫陽最依重的人物之一。因為在趙紫陽是四川省委書記的時候，馬洪已經多次與趙紫陽合作。馬洪為趙紫陽入主北京貢獻很大。他了解趙紫陽的需求，起草了建立「國務院技術經濟研究中心」的報告。趙紫陽很快批覆。在 1981 年春天，「國務院技術經濟研究中心」正式成立，第一次會議是在中南海的假山會議室召開的。中心籌備初期其實只有三個人：馬洪、張澤厚、還有我，我當時是共產黨預備黨員。之後，又從北大、清華、人大選拔了一

些應屆畢業生。許小年就是其中之一。辦公地點是月壇北小街
2 號院的 3 號樓，後來搬入中南海的工字樓。馬洪擔任中心總
幹事，同時是中國社會科學院副院長，國務院第一副秘書長。
後來，趙紫陽是希望馬洪出任上海市長的，但因為有人不同
意，就選派了汪道涵，那是另外的故事了。國務院技術經濟研
究中心的主要歷史貢獻，是建立了為國家發展進行戰略研究的
一支專業化隊伍。

陳：您為何會去河南擔任「河南省經濟體制改革委員會」副主任？
朱：那是陰差陽錯。1984 年前後，我因為關心中國能源問題，多
次到河南了解中原油田問題。由此，結識了在河南省委書記處
工作的王忠林。王忠林是老大學生，是北京大學文革之後的第
一批國際關係的研究生，我們很談得來。在王的引見下，我得
以向當時河南省委書記劉傑報告我對中原油田和河南經濟發展
的看法。劉傑是老的第二工業部部長，對中國的兩彈一星有重
大歷史貢獻。劉傑很是高興，又安排我見了省長何竹康。於是
河南省的領導問我要不要到河南工作？我本來就不想在國務院
技術研究中心幹了，沒有怎麼考慮就答應了。我擔任河南省經
濟體制改革委員會副主任，又鼓動黃江南也來河南，他擔任了
河南省對外經濟委員會副主任。與此同時，我和王忠林從北京
和鄭州兩個方面努力，成立了北京青年經濟學者組成的「河南
諮詢團」。我在河南期間推動的經濟改革，不是以如何改革舊
體制為重心，而是著眼建立新結構，讓其發展壯大。我仿效中

國國際信託投資公司（CITIC），在河南籌畫建立了「中原國際信託公司」，這是中國第一個省級信託公司；還成立了「中原石油公司」，以解決在石油生產方面的政企不分的問題。在河南期間，結識了如今是解放軍上將的劉源，還有金融界的方風雷。

陳：這段時期，您在學術上有哪些進展？

朱：1980 年代，是我學術上有很大收穫的時期。我的寫作處於巔峰狀態，幾乎每週都能完成有一定質量的文章。自 1984 年至 1988 年，還出版了《國民經濟結構學淺說》、《現實與選擇》和《論非均衡增長》等著作。其中，《國民經濟結構學淺說》是我的第一本著作。這本書的核心思想是：國民經濟不僅僅是一個過去在計畫經濟時代所說的「比例」和「速度」的問題，而是存在著其物質構造（或結構）問題；因此，只有研究國民經濟構造本身，才可能較為深化地研究經濟制度和機制，及其運動和發展。這本書的出版要感謝易小冶和梁從誡。易小冶是共產黨著名烈士江姐的兒媳婦，梁從誡是梁思成之子。他們那時都在《百科知識》工作，在他們的鼓勵下，我完成《國民經濟結構學淺說》一書，梁從誡是這本書的編輯。錢學森很肯定這本書的學術方法，為此專門寫信給我。

王：那麼，您又為什麼離開河南？

朱：我在河南的時候想到：我們這代人是在計畫經濟制度下長大的，主張市場經濟，但是卻從沒見過市場經濟；講對外開放，

卻沒有出過中國的國門。我希望改變這種情況。因為我曾對美國福特基金會在北京設立辦公室有所幫助，福特基金會為了表示感謝，願意資助我去美國讀書或者做訪問學者。1985 年夏天，我向河南省委請假，希望出國一段時間，同時完成我的博士論文。1985 年 9 月底，在福特基金會的資助下，我到了美國。先去密西根大學，所在地是安娜堡。那年聖誕節之前又轉到了哥倫比亞大學。前後十個月。

陳：此次美國之行有哪些收穫？

朱：收穫包括無形的和有形的。所謂無形的是對美國的觀察和理解，包括大學管理已經電腦化，超市的豐富商品，經濟學的課程設計，宗教的力量，不同移民後裔的關係。我自己，和我的十三中同學、已經去世的政治學學者史天健等人租車橫穿美國，加深了我對美國地理人文歷史的認識。那時的美國是「雷根時代」，「供應學派」的思想對我有很大影響。所謂有形的主要是四件事：第一，認真考察了美國的金融市場，特別是股票市場，形成了在中國推動建立股票市場的一整套想法；第二，與何維凌等人一起商議和努力，促使索羅斯在中國成立改革開放基金會；第三，結識了愛比‧洛克菲勒，在中國示範和推廣她的「不用水的馬桶」，實現中國的廁所革命；第四，與何維凌一起，在美國中西部尋找合作夥伴，建立美中中小企業交流中心。

陳：回來之後的選擇是什麼？

朱：1986 年 8 月經香港和深圳回到北京。那時，充滿激情。我回來的第一個公開報告是關於美國股票市場的啟發。在美國的十個月讓我明白，我們對世界的理解是膚淺的、過時的。因此，我決定在今後的幾年集中研究國際經濟。這樣，我辭去了河南省政府的工作。我選擇了兩個工作，一個是沒有分文報酬的《中青年經濟論壇》的主編；另一個是從 1986 年 10 月和李湘魯一起籌備「中國國際信託投資公司」的「中信國際所」，並打算全職到這個研究所工作。

陳：成立「中信國際所」的背景和目的是什麼？

朱：首先，當時中國國際信託投資公司董事長榮毅仁和副董事長唐克有成立這樣一個關注世界經濟和國際政治的研究所的需求；其次，當時國務院的領導也希望有一個具民間色彩的國際問題機構，做一些外交部、外貿部和其他國家對外部門不宜做的工作。李湘魯就成了落實「中信」和國務院這種想法的人選。李湘魯有思想和影響力。此時，他離開趙紫陽辦公室不久，在中信當一個部門的負責人。有關部門很快批准了「中信國際所」的組織機構和編制。「中信國際所」隸屬中信，但是有一個獨立的理事會，獨立預算。李湘魯任所長，我和從社科院美國所調來的華棣任副所長。我從國務院發展研究中心調來皮聲浩擔任辦公室主任。

自 1986 年 10 月至 1989 年 6 月，「中信國際所」做了一

些至今看來很有意義的工作。諸如，建議和推動與南韓、沙烏地阿拉伯建交；參與兩伊戰爭之後的伊朗重建計畫；提出中國走向印度洋，實現和巴基斯坦的戰略合作，全面對西開放的戰略構想；幫助中信設計與中東和南美的長期合作夥伴關係；突破對台關係，建立兩岸民間交流的管道；研究世界金融危機的可能性和新模式。榮毅仁和唐克都有全球眼光，我們的工作得到了他們的全面支持。在兩伊戰爭停火幾個小時之後，我帶領了一個小團隊就到達德黑蘭，向伊朗政府轉達中國政府參加伊朗戰後重建的意願。遺憾的是，六四之後，雖然中信國際所沒有被裁撤，但是原來的功能不復存在，其歷史作用也被人們忘記。只是在中國和韓國建交之後，盧泰愚沒有忘記「中信國際所」的貢獻，還給了幾萬美金表示感謝。

王：「中信國際所」特別選擇這幾個國家，是否著眼於中美蘇關係？石油資源也是一個原因？

朱：那時，冷戰還沒有結束。「中信國際所」是研究中、美、蘇大三角關係的。我們傾向與美國改善關係，以獲得對中國改革和開放的支持。能源，特別是石油問題，也是我們極端重視的。要知道，唐克是當過石油部長的。那時，國際所主張參與伊朗戰後重建和實現與沙烏地建交，都是出於中國未來對國際石油資源的需求。總之，中信國際所希望為中國決策層建立一套全球戰略的觀念。

陳：在六四之前，您還參與了哪些工作？

朱：1989 年 1 月至 3 月初，我先去澳大利亞墨爾本大學的經濟系做訪問學者。香港律師羅德成建議我了解澳大利亞，主要是澳大利亞資源豐富。而且，羅德成資助了北京到墨爾本的機票和生活費。

　　回來之後，「北京青年經濟學會」組織了中青年經濟科學工作者為主體的中國經濟改革十年研討會。因為這次會議是在北京豐台的京豐賓館召開的，史稱「京豐賓館會議」。會議開始由陳一諮主持，但是他的腿受傷，後來由我主持。我最近找到了會議結束時的合影照片，除了胡啟立等當時的領導人之外，還有李克強、李源潮、劉延東等當下中國領導人。這次會議的重要特徵是為體制內和體制外的同代人提供了講台，各派意見爭論激烈。周其仁和萬潤南的發言很精彩。在會議中，不少人已經感到中國可能出事，甚至認為天下就要大亂。這次會以後，就發生了六四，以後大家就各奔東西。有的發跡，有的遭到整肅和流亡。所以，這次會議是我們這代人最後一次聚集在一起討論國是。未來幾乎不可能還會有這樣的機會，因為很多人選擇了不同的人生道路。

　　「京豐賓館會議」結束後不久，國務院有關部門希望我主持研究在中國和緬甸之間建立特區的可行性。這個特區不同於深圳那樣的特區，主要是為了阻止毒品進入中國。我那時還是「中國西部研究中心」的主任，帶著一個工作組去了雲南的畹町。結論是不僅必要，而且要盡快。歷史證明，如果在二十年

前，就能夠在中緬邊境建立這樣的特區，後來的諸如毒品、賭博、各類走私等很多麻煩都可以避免。

陳：1988 年那次「價格闖關」的決策過程，您有沒有參與？有個流傳甚廣的說法是：「價格闖關」的失敗是八九民運的重要背景之一。

朱：1988 年「價格闖關」的決策過程並不複雜，是鄧小平決策，趙紫陽執行。此外，世界銀行也支持「價格闖關」。屬於趙紫陽智囊團的體改所反對「價格闖關」，但是，我個人是支持價格闖關的。我當時的主要看法是，中國已經是價格「雙軌制」，不是要不要價格改革的問題，而是勢在必行。但是，在當時的歷史條件下，人民群眾習慣了計畫價格制度下的所謂穩定價格，對市場價格沒有足夠的心理準備。所以，民眾對中央政府提出「價格闖關」的反應是非理性的搶購，導致決策部門收回原定的「價格闖關」方案。有人認為「價格闖關」失敗，是因為它造成和積聚了社會不滿，以致於引發 1989 年的社會和政治危機。這是似是而非的看法。事實上，價格改革在 1988 年已經不可逆轉。那個沒有來得及實施的「價格闖關」所引發的衝擊力，進一步動搖了計畫價格的殘存基礎，加速民眾對市場決定價格的適應，並為 1990 年代之後中國價格「雙軌制」的併軌、徹底完結計畫價格制度，奠定了歷史性的基礎。

陳：您當時怎麼看通貨膨脹？

朱：至於通貨膨脹，也是大勢所趨。1980 年代的通貨膨脹，並非是通常意義的通貨膨脹，而是經濟制度劇烈轉型過程中的「價格革命」，也是從非貨幣經濟向貨幣經濟過渡和貨幣化的必然結果。在 1988 年，「國際所」和「體改所」合組了一個代表團去訪問智利、委內瑞拉、墨西哥、巴西和阿根廷，核心任務就是考察這些國家在 1970 年代和 1980 年代高通貨膨脹形成的背景、過程和社會承受能力，以及通貨膨脹和經濟增長的關係。陳一諮和我是南美考察團的負責人，團員有宋國青等人。我們在考察中發現，社會轉型和通貨膨脹有極大的相關性，不可以孤立地看通貨膨脹率高不高，還要看經濟增長和居民收入增長。通貨膨脹處理得當，不一定引發各種危機，也不意味政權垮台。我們並沒有說過「通貨膨脹無害」，而是強調對於新型市場經濟國家，包括中國和其他轉型國家，通貨膨脹是不可避免的，關鍵問題是如何面對通貨膨脹。在訪問途中，我們多次在中國使館向北京發電報，匯報訪問進展和觀感。

但是，六四之後，我們失去了話語權，歷史被壟斷話語權的那些人任意地演繹。吳敬璉就是一個典型人物，他說過：是「他（指趙紫陽）的『智囊』班子，散布流言蜚語，阻撓治理整頓，其後更藉機製造事端，煽動動亂，把經濟危機推向社會政治危機。」到了 2000 年之後，吳敬璉更是肆無忌憚地系統竄改整個 1980 年代的經濟改革歷史，將自己樹立成為經濟學界的泰斗、良心式的人物，這真是歷史的莫大諷刺。還有一位叫陳文鴻的香港學者，曾寫過一篇很長的文章，稱趙紫陽在

通貨膨脹問題上，其實不是受到弗里德曼的影響，而是被朱嘉明這些人給誤導了。陳文鴻曾經是我任主編的《中青年經濟論壇》的一個編委，歷史上有所交往，但他的結論顯然是道聽塗說。

我特別要在這裡強調，趙紫陽是有自己主見的，又熟知宏觀經濟的實際，我們的看法最多不過是他決策的一種參考而已。

陳：在 1989 年，從胡耀邦逝世，學生走出校園，遊行和天安門絕食直到戒嚴的大約一個多月中間，趙紫陽智囊們的基本想法和立場是什麼？最後又是如何捲入這場歷史大事件中的？

朱：這是十分挑戰的問題。直到 1989 年 5 月 19 日，「三所一會」從來沒有整體性的意見和行動。其間，絕大多數的「三所一會」成員是同情學生運動和訴求的，很多年輕研究人員也去了天安門廣場。但是，在道義支持的同時，「三所一會」的一些成員意識到：這場學生和市民運動，有可能導致黨內矛盾激化；如果保守派控制局面，趙紫陽就是第二個胡耀邦，那麼，歷史會大倒退。以何維凌為核心，我是參與者，希望說服學生回到校園，再給鄧小平另一種選擇的機會，使得保守派沒有藉口實行軍事戒嚴。但是，我們的努力沒有成功。到了 5 月 19 日，得知宣布戒嚴在即，趙紫陽已經失去權力，我們在「體改所」召開了一個討論時局的會議，並最終形成了一個以「三所一會」名義發出的「六點聲明」，主張在憲法基礎上解決政治危機，

而不是軍事戒嚴。「六點聲明」的立意是經得起歷史檢驗的。當然，起草「六點聲明」還包含著中國的「士為知己者死」的一種悲壯心理。我在離開「體改所」大門時和皮聲浩說，咱們再到這裡來的機會不會有了。回到「國際所」，我立即和皮聲浩安排最壞的準備。

幾個小時之後，這個「六點聲明」在天安門廣場散發不久，即被定為嚴重的政治事件。「三所一會」被認為是趙紫陽的「小艦隊」，在六四之後，遭到了徹底的整肅和撤銷，還有一些朋友失去工作，甚至坐牢，也有流亡海外的。二十餘年之後回憶此事，用「慘烈」二字概括，仍舊是不為過的。如果六四之後的中國確實被極端僵化的保守派所控制，「三所一會」的下場很可能就不僅僅是遭到整肅、坐牢和流亡了。當然，有些人雖然參加了「三所一會」的「六點聲明」，但是並沒有太壞的境遇，例如林毅夫。

六四之後，我常常懷念不久前過世的何維凌，因為在那個危機時刻，只有他清楚地認識到問題的嚴重性，提出任其發展下去，一定會發生鎮壓，會有流血死人。我和一些朋友在他家多次開會，他奔走和維持與各種政治力量的聯繫，包括他的老朋友鄧樸方。除了他，「三所一會」的大部分成員是讀書人，處於激情和亢奮之中。我那時深深感到的是矛盾和無力。我們的悲劇是被認為有組織，其實沒有組織；被認為有綱領，其實共識都沒有形成。1898 年的戊戌變法後期，大體也是這樣。

陳：如今，您如何評論趙紫陽在 1989 年 5 月的作為？

朱：我至今認為趙紫陽不該在 4 月份訪問北朝鮮。趙紫陽從訪問北朝鮮歸來之後，徹底扭轉當時黨內政治格局和緩和北京局面的空間，每天都在急遽縮小。萬里在外國訪問，趙在上層處於孤掌難鳴的境地。面對鄧小平已經決策要訴諸軍隊和實施戒嚴之後，趙紫陽只有兩種選擇：支持或者反對。趙紫陽選擇了後者。不要認為，這樣的選擇對身為共產黨總書記的趙紫陽是容易的。為此，趙紫陽可能付出不僅僅失去人身自由的代價。人們所看到的是趙紫陽做了兩件事：沒有出現在宣布戒嚴的會議；到天安門廣場看望絕食學生，並發表了催人淚下的那番講話。趙紫陽已經盡力而為，明知不可為而為之，做到了極限。對趙紫陽來說，任何其他選擇都是完全沒有可能的。如果還希望他再做其他事情，是不近情理的，不僅僅因為對趙紫陽要求過高，而且是置趙紫陽和家人於危險狀態。在中國共產黨的歷史上，以總書記的地位抗拒黨的某種錯誤決定，前有陳獨秀，後有趙紫陽。這兩個總書記還有一個共同之處，就是至死沒有屈服和認錯。趙紫陽到生命的最後幾年，實現了思想的根本性飛躍，肯定建立民主制度是中國實現長治久安的根本出路，提出中國需要有「反對黨」的問題。

陳：二十多年之後看，六四事件是否可以避免？

朱：首先，我認為六四鎮壓是可以避免的。因為，當時中國和共產黨完全具備通過和平、法制和民主的方法解決學生和市民各種

合理訴求，恢復北京正常社會秩序的條件和能力。但是，在那樣的歷史時刻，在共產黨系統有最終決策權的鄧小平在所有的解決方式中，選擇了最壞的、歷史後遺症最大的方法，即武力鎮壓。這真是中國的一種宿命。

其次，我想指出的是，在 1989 年前後，經過十年經濟改革，在共產黨內已經形成堅持改革開放和反對進一步改革開放的政治格局。藉著所謂的「價格闖關」失敗，出現了公開和潛在的反對趙紫陽的政治力量。所以，即使沒有 1989 年 4 月之後的學生上街和天安門廣場絕食，共產黨內反對趙紫陽的勢力要和鄧小平、趙紫陽攤牌，也幾乎是不可避免的。只是因為六四事件，這個深層矛盾被掩蓋了。

1989 年 6 月 14 日，吳敬璉執筆完成了一篇全面批判趙紫陽經濟思想和政策，徹底否定 1980 年代經濟改革的長文。[5] 值得注意的是，他是在六四時刻著手寫這篇文章的。這種行為，不要說在經濟學界，即使在整個知識界也是絕無僅有。它不僅反映了作者向新當政者效忠的急切心態，而且為新執政者背離

---

5 吳敬璉在〈我們的憂思和建議〉（見中國社會科學院《要報》1989 年第 9 期）中，對趙紫陽 1980 年代的經濟改革政策做出系統批判之後，建議說：「現在形勢緊迫，時不我待。我們考慮，利用平息暴亂以後有利的政治態勢和中央較為集中的權力，推行某些強有力的措施」。「而走幾步帶有一定風險的棋，可能是唯一能夠達到『柳暗花明又一村』的境界的出路」。「全體幹部，首先是領導幹部對大局的清醒認識，犧牲蠅頭小利以保衛根本利益的決心，以及他們『從我做起』的實際行動，將使全國人民團結在黨中央的周圍，通過同心協力的艱苦工作，去開創社會主義現代化建設的新局面。」

1980 年代的改革道路提供了理論根據。二十多年後的歷史證明，被吳敬璉否定的 1980 年代改革是正確的；而他所主張和支持的那個改革把中國導入歧路。

　　鄧小平深深畏懼過分批判趙紫陽會導致對自己的徹底否定，於是頂住了清算趙紫陽的壓力。這段歷史還有巨大的發掘和探討餘地。

　　第三，還有一個更深層次的問題：在中國共產黨的某些元老眼中，趙紫陽不是自己人。為什麼在十三大趙紫陽任總書記之後，黨內元老們力挺李鵬做總理？因為李鵬是自己的子弟兵。如今人們頻繁談論十八大之後的太子黨接班問題，而李鵬就是太子黨。太子黨在共產黨的十三大上已經登場，並影響了中國的歷史走向。後來江澤民被選為接班人，其紅色家庭背景是重要原因。所以，文革中出現的「血統論」，在中國共產黨內有著深刻的原因，並沒有因為文革結束而徹底消失。六四之後，中國共產黨回歸到只有自己的子弟接班才得以放心的地步。據說，在元老之間形成了共識：每個家庭出一個子女進入政壇。

陳：有六四或者沒有六四，中國的走向會有哪些根本的區別？

朱：我認為歷史可以假設，因為歷史並不存在唯一的可能性。中國是一個非民主國家，政治制度沒有擺脫極權主義的框架。所以，什麼人執政對歷史的影響極大。例如，周恩來如果活過毛澤東，就未必會有鄧小平時代，中國在 1976 年之後的歷史會

很不一樣。在我看來，有六四或者沒有六四的最大差別在於，六四導致趙紫陽及其支持者徹底離開權力中心和歷史舞台，他們的治黨治國理念，包括全面啟動政治改革的構想遭到廢棄。這種情況非常近似中國的歷代王朝，還是一個姓氏，但是，因為不同兒子接班，王朝的命運是大相逕庭。這樣的歷史例子不勝枚舉。趙紫陽的政治和經濟理念如果能夠延續到1990年代，中國的政治改革會全面啟動，經濟發展和政治進步會相輔相成，如今嚴重存在的國家壟斷資本主義、貧富差距和政治改革嚴重滯後的情況有可能得以避免，至少不會如此嚴重，中國黨內和社會的矛盾不可能積聚到如此地步。

陳：六四大大改變了您的人生軌跡。

朱：那是。豈止是我本人，是一批人，是一代人。這種情況在中國近現代歷史上比比皆是。1949年，共產黨打敗了國民黨，多少人的命運因此改變，還有多少人因此家破人亡，當然，還有多少人成為受益者。就我個人來說，我選擇了自我放逐，流亡海外，如今已經二十三年了。我沒有後悔，但有遺憾。如果歷史多給我在中國的時間，不論其他，至少有四件當時啟動了的事有可能有實質性進展：第一，將中國西部研究中心實體化，建立中國西部開發總公司；第二，提出建立中緬邊界特區方案；第三，促進在中國社會科學院打破按產業部門分工的經濟各所，成立中國社科院經濟科學院；第四，完成中國在海外的能源布局的構想。

陳：六四對大陸知識分子的影響有多大？

朱：因為六四，中國知識分子發生了大分裂和重新組合。在 1980
年代，有一本很有影響的雜誌《知識分子》。那時，知識分子
的價值觀是趨同的，支持和傾向思想自由化、人道主義和市場
經濟。在物質生活方面，知識分子、大學教授普遍處於貧困狀
態，從政和經商致富的例子很少。在所謂體制內和體制外的知
識分子之間，維繫著交流和溝通的多種管道。

　　六四以後，知識分子的主體遭受了重大的挫折，有的反
叛，有的經商，有的選擇和政權合作。隨著 1990 年代之後經
濟起飛，知識分子的物質生活和收入得到根本改善，加之不斷
有新的一代加入知識分子行列，越來越多的知識分子成為新中
產階級，成為經濟發展的受益者。中國知識分子的價值觀開始
分裂，而不是趨同。

　　即使在我們原來的「三所一會」的朋友中，也是如此。
1989 年 6 月至 7 月，海外的「三所一會」的朋友在美國丹佛
和長島開過兩次正規會議。之後，大家選擇了不同的人生道
路。我本人還參與了海外民運，當過「民主中國陣線」的理事
長，推動「民主中國陣線」和「中國民主聯盟」合併，合併之
後又擔任了一段時間的理事長。在西單民主牆時代，我雖然同
情和支持體制外朋友的努力，有衝動要跟他們在一起，但還是
選擇走體制內的道路。沒想到，六四之後，我和他們殊途同
歸。正因為如此，我理所當然被視為是現政權的對立面，被
「三開」，上了黑名單，從一個自我選擇的流亡者成為了官方

確認的流亡者。關於民運問題，過於複雜，今天就不多談。我在 2009 年曾寫過一篇長文，題目是〈二十年海外民運的分裂與衰落〉。那篇文章的重點是從過來人的角度做自我反省。不過我還是希望人們能夠比較客觀和公正地評價海外民運對當代中國民主化進程的特殊的和不可替代的貢獻。

三、中國的「國家資本主義」問題

陳：六四之後，當局一度「反和平演變」。一般認為是鄧小平 1992 年的「南巡」扭轉了倒退的可能性。您怎麼看？

朱：鄧小平「南巡」是重要的。但是，在評論鄧小平「南巡」的歷史地位的時候，人們忽視了這樣一個基本事實：在六四之後的中國，是否可以真的放棄經濟改革和開放，重新倒退到毛澤東時代開展「反和平演變」？我認為那是不可能的。因為十年的改革開放已經置中國於不可逆的狀態。首先，幾億中國農民不允許倒退，「人民公社」制度已經土崩瓦解，完全沒有可能復辟。其次，「計畫經濟」制度完全支離破碎。別的不講，只講價格體系：1988 年價格闖關之後，不僅僅是生活資料的絕大部分，而且生產資料的大部分已經開始由市場決定價格。價格「雙軌制」以人們難以想像的速度在併軌。第三，中國國有企業自主權的擴大，各種形式的承包，甚至股份化正處於全方位試驗階段，沒有什麼力量能夠停止這種大趨勢。第四，社隊企業沒有因為六四事件而影響它的擴張。第五，中國的對外開放

特區，外國直接投資進入和對外貿易擴張的局面已經形成。此外，中國地方政府具有了從來沒有過的經濟實力，以及與中央政府討價還價的經驗和能力。一言以蔽之，形勢比人強。經濟改革開放的大勢，並不是由幾個反對經濟改革的代表人物，或者諸如陳雲的「鳥籠經濟」思想，或者「反對和平演變」的政治運動所能扭轉的。

中國共產黨之所以沒有重蹈蘇聯共產黨覆轍，並非因為六四的鎮壓，實在是受惠於 1980 年代的經濟改革。六四以後，江澤民代表的中國共產黨新的領導集團，成為了 1980 年代經濟改革和開放的最大受益者。對此，鄧小平看得一清二楚。也就是說，鄧小平「南巡」，並非是擔憂改革倒退。鄧小平深刻的意識到，只有經濟改革和經濟發展，才能保證中國共產黨的政權。這才是他的「發展是硬道理」和「南巡」的根本意義所在。

人們還忽略了鄧小平「南巡」的真正後果，那就是：徹底排除了在中國進行任何政治改革的可能性。鄧小平的所謂不爭論、不討論，就是要避免人們重新解放思想和重新評價六四。這是一種新時代的「愚民政策」，應該說，這套政策對延續共產黨的政治體制是有很大作用的。

陳：按您的意思，「南巡」是六四後的經濟改革開放道路和 1980 年代道路的分水嶺。

朱：完全是這樣。1980 年代的改革奠定了不可逆的經濟格局，為

後二十年經濟改革提供了豐富的歷史遺產。但如何繼承這份遺產，對中國走向關係重大。在 1980 年代的改革中，有三個基本問題並沒有最終解決。六四之後，在如何面對這三個問題上，統治集團都做了「壞」的選擇。

第一個問題是政府和市場的關係。像中國這樣曾經經歷計畫經濟的國家，在經濟改革中選擇市場經濟取向，卻需要由政府來完成。這使得政府在經濟改革中的實際作用不是縮小而是擴大，並且形成政府推動改革的路徑依賴。以農村改革為例，1981-1985 年，農村改革每年都是以中央一號文件下達。這個問題困惑了 1980 年代改革的全過程：或者是放任政府在改革中作用膨脹，或者是首先實現對政府本身的控制？但對政府本身的控制是政治改革的範疇，所以在 1980 年代，中國決策集團形成了進行政治體制改革的基本共識。然而，六四之後新上台的中國統治集團做了前一種取向，就是放任政府的權力無限制地膨脹。後來的制度性的貪腐，是這種取向的必然結果。

第二個是中央和地方的關係。中國是一個大國，應該允許不同的地方有不同的發展模式，為此，需要地方政府有自主權。趙紫陽有足夠的封疆大吏的經歷，了解地方政府的需求，在 1980 年代嘗試了包括「分灶吃飯」的財政體制，希望給地方政府較多的財政資源，形成中央和地方政府的積極互動關係。但 1992 年之後，中央重新建立對地方控制的政治和財政體制，設計了所謂的「分稅制」，導致地方政府的財政收入減少。而地方政府需要經濟增長，需要投資擴張，最終釀成人們

現在熟知的土地財政，進而發生了地方政府、銀行、開發商和房地產商的畸形結合，而且尾大不掉。

第三個是如何平衡國有企業和民營企業的關係，建立多元化的產權結構。1980年代，在這個問題上，有兩個主要思路：一個是通過刺激民營企業的發展，增加民營企業的比重。另一個是倚重和發展國有企業。1990年代上半期之後，後一種思路占了絕對上風。一方面放棄了中小國有企業，不僅造成大批工人下崗，大量國有資產流失，為與政權接近的利益集團劫取；另一方面，在一些行業實行國家壟斷，像石油、電力、通訊。總之，1992年之後的中國在面對1980年經濟改革的遺產的多種取向中，在抑制還是放任國家壟斷的幾個關鍵方面，選擇了後者。民營企業雖然有了很大的發展，但總的來說處於被限制、被壓抑的狀態。

陳：您最近在台灣的幾次講話中談及中國的國家資本主義。是否能進一步說明其形成和發展的脈絡？

朱：回答這個問題之前，必須先澄清一個概念。中國的國家資本主義，不是在市場和私營制度的基礎上形成的，而是在殘餘的計畫經濟制度和發育不良的市場經濟基礎上形成的。

中國國家資本主義的形成，有這樣幾個重要特徵：第一，金融壟斷。在計畫經濟時代，國家對金融資源的壟斷是不言而喻的。1980年代，伴隨著貨幣化和金融制度的市場化，在一定程度上允許非國家資本進入金融領域，以建立國有金融和非

國有金融的良性競爭。但自 1992 年之後，中國政府對金融市場、金融機構做過多次整頓。例如，關閉了眾多地方信託投資公司，一次一次打壓所謂的「地下錢莊」，即民間金融，壓抑外資銀行在中國的發展，最終實現了國家對金融的絕對壟斷。後來，人們一度以為四大國家商業銀行的上市可以改變這種壟斷局面，但歷史證明這種想法是天真的。恰恰相反，這四大銀行的股份化，不過是中國國家金融壟斷的現代化「版本」。

第二，控制資本市場。六四後，開放了上海和深圳股票市場，初期人們對其抱有極大的希望，賦予很多一廂情願的解釋。二十年後證明，中國的股票市場不過是國有企業劫取民間資本的場所；上市國有企業左右著資本市場，導致了中國資本、資源完全按照國家的壟斷意願傾斜和分配。

第三，完成了能源、通訊和基礎設施三大領域的壟斷，不僅沒商量，而且日益加劇。中國通訊業崛起與 IT 革命在時間上是一致的。對於這個新型產業，中國政府從一開始就違背自由競爭原則，出於經濟利益和政治控制的考慮，建立了高度壟斷企業模式。表面上，中國通訊業由三大公司組成，但可以理解成一個總公司的三個分公司，因為三者之間幾乎不存在競爭關係。美國在 20 世紀，一次又一次地打破任何財團對通訊業的壟斷，最後一次是徹底分解了 AT&T。還有美國通訊業是私人壟斷，中國是國家壟斷。進入 2010 年代之後，在中國的非壟斷的行業，幾乎都是那些附加價值相對低，技術含量相對小，勞動密集的行業。有些行業，表面上沒有國家壟斷，但是

國家所支持的企業是控制市場份額的主體，例如鋼鐵工業。

陳：中國的國家壟斷資本主義形成於 1990 年代中期？

朱：始於 1990 年代中期，經過加入 WTO，到 2008 年左右，徹底完成國家壟斷。

陳：您是指 2008 年的「國進民退」嗎？但我注意到，包括最近《經濟學人》的評論，有不少人質疑「國進民退」之說。他們講，民間部門占 GDP 的比重越來越大，甚至說中國的經濟奇蹟主要是民間部門的功勞。您怎麼看？

朱：中國民間企業問題的要害是：他們如果離開政府和國有企業，很難成長起來，無法獨立生存發展。這是因為中國主要行業的上游和下游都在國營資本手中，中小民間企業只能依存於大型國有企業，有國有企業背書才能獲得貸款，才能獲得官方訂單，解決市場銷路。總之，中國民營資本必須依附國家資本，成為他們的附庸。2008 年的「國進民退」，波及了一些有一定經濟實力的民營企業。因為再有實力的民營企業，也要顧及資本成本，而國有企業是沒有資本成本約束的。特別值得注意的新動向是，中國大型國有壟斷企業正在大舉進入一切有較大利潤空間的行業，從房地產業、零售業到餐飲業。中國的鋼鐵企業已大規模地投資養豬業。

零售業被壟斷之後，小商、小販、小工廠的東西賣不出去了，沒有市場了。很多行業被壟斷資本重組，包括修鞋業也沒

有逃脫。這種無孔不入的壟斷，不僅意味著私人資本進入很多行業的門檻迅速提高，而且導致現存私人資本的生存空間日益狹小，逼迫私人資本退出越來越多的行業和企業。

陳：國家壟斷資本主義對地方和基層有哪些影響？

朱：示範效應。中國至今拒絕聯邦制，地方自治程度低下，法律上規定的各種自治區域的自治程度名不副實。但是，在壟斷經濟層面上，各級地方政府卻都有著很大的空間。例如，中央一級的壟斷不可能覆蓋到中國的每一個行業和地域。所以各個省，在其控制範圍內建立其可控制的壟斷企業，甚至市和縣一級，甚至基層也是如此。換一種說法，國家壟斷的現象已經從國家一級發展到省、市級、縣級甚至基層。以縣一級為例，也有由縣政府投資和控股，不容許他人染指的單位、行業和企業。中國當下的壟斷已經高度的科層化，形成了滲透到基層的金字塔模式。不了解這一點，就不會明白何以在中國的縣一級，甚至鄉鎮和村一級，都會產生擁有巨額財富的家族和個人。

陳：您剛才提到 WTO，西方國家特別是美國起了什麼樣的作用？

朱：中國新型國家資本主義的形成與發展，依賴了一個非常重要的國際條件，那就是冷戰結束前後興起的這一輪全球化。這次全球化的主要標誌是：世界經濟主體跨國公司化和無邊界化；實體經濟和非實體經濟分離化，最終推動著當代資本主義走向了一個新的歷史階段。

因為中國在 1980 年代改革的成功，進入 1990 年代後，中國被公認為是世界最大的、最有潛力的、最有爆發力的新興市場。在這次全球化的分工中，世界跨國公司都願意把中國作為世界最大的實體經濟基地，中國也確實成為了世界加工廠和最大的貿易國。在這個過程中，中國通過給予跨國公司一系列優惠，換取中國需要的外資和國際市場。相應地，中國調整產業結構，改造企業制度，建立中國國家壟斷的圍牆。儘管如此，西方發達國家的跨國公司也願意合作。例如，中國國家對金融業、銀行業的壟斷，其實是在西方大型金融企業的支持下完成的。中國第一家投資銀行中國國際金融有限公司，就是國家壟斷的建設銀行和美國的摩根斯坦利合作建成的。中國的 H 股，中國企業在華爾街、倫敦、法蘭克福、新加坡上市，都是與西方支持分不開的。

陳：您怎麼看中美在人民幣匯率上的衝突？

朱：這是一種表面現象。在當代世界上，貨幣是國家壟斷的。不同之處是民主制度下的貨幣畢竟受制於民主政治的架構；而在集權政治下的貨幣，則是一種絕對壟斷力量。

　　中國的人民幣原本沒有任何含金量，也沒有足夠的外匯儲備和金屬儲備來支撐它的價值。伴隨著中國經濟崛起和貨幣化，為了維持人民幣的價格穩定，中國從來以人民幣和美元直接掛鉤作為既定國策。到了朱鎔基時代，中國開始用越來越大的外匯儲備購買美國國債。表面上是中國成為美國國債的債

主，甚至是第一債主。但是，在表面的背後是：通過購買美國國債，支撐人民幣的價值，鞏固國家對人民幣的壟斷能力。事實上，2005 年之後，人民幣匯率的升值趨勢，其實是相對於美元的一種被動變化。人民幣作為從屬於美元的貨幣，美元的貶值使得人民幣的升值成為不可避免。中美之間不僅匯率掛鉤，在利率方面也是掛鉤的；中國和美國的央行採取了大體相同的利率取向。應該說，朱鎔基所建立的與西方在貨幣金融領域的全面合作架構和機制，一直維繫到現在。

在一定意義上說，是中國加入了西方國家主宰的世界貨幣制度，並在華爾街幫助下強化了中國國家對貨幣經濟和金融經濟的壟斷。簡言之，華爾街私人資本和中國國家資本結合，是此次全球化中最引人注目的一道風景線。沒有這樣的結合，就沒有世界級跨國公司全面進入中國，也沒有那麼多的中國壟斷國有企業可以成為西方世界的上市公司。

陳：您怎麼看朱鎔基時代對中國國家資本主義形成的作用？

朱：朱鎔基是「計畫經濟」出身，熟知「計畫經濟」的運行和管理。在朱鎔基主政上海市的時候，上海經濟很大程度還在「計畫經濟」的慣性之中，與近在咫尺的浙江省相比，上海幾乎沒有什麼像樣子的民營經濟、私有企業。至於江澤民長期在國有企業和機械部門工作。還要看到，朱鎔基和江澤民在 1949 年以前受過系統的初等教育和高等教育，不僅數理化，英文也不錯。他們重視西方社會，有強烈地和美國合作的意願，頗有洋務派

的遺風。

如果說朱鎔基時代對中國國家資本主義進程產生影響的話，主要表現在這樣幾個方面：第一，抓大放小。改組和控制大型國家企業，將數量眾多的中小國有企業放給民營和私有。後來中國工業壟斷的格局，就是在朱鎔基時代奠定的。第二，如前所述，一步實現對金融的壟斷，包括商業銀行和非銀行金融機構，徹底割斷金融系統對非國有經濟的金融支持。1990年代中期，海南島民間的投資浪潮遭遇滅頂之災，多少人傾家蕩產，就是因為在政府強勢干預下的國有銀行切斷與房地產投資商的聯繫。總之，在朱鎔基時代，中國完成了大型國有企業和大型國有金融機構的新的聯盟。因為這樣的聯盟，中國國有銀行中的呆壞帳在 1997 年亞洲金融危機前後已經到了最危險的程度。後來，國家金融系統的呆壞帳並沒有減少，但是比例下降。原因並非是國有銀行發生了脫胎換骨的改造，而是因為國有控股銀行系統的資產總量膨脹導致了呆壞帳的相對比例下降，這是一種稀釋。如果對過去二十年中國主要產業的發展歷史稍加分析，不難發現，鋼鐵、石油、電力、通訊業的改組基本上都是在朱鎔基時代完成的。應該這樣說，經過朱鎔基時代，留給溫家寶對國民經濟（特別是主要行業）發揮實質影響的空間相當有限。

陳：如果說國家壟斷資本主義是一個事實，它的成因是什麼？
朱：中國的國家資本主義不是設計出來的，而是 1990 年代新的執

政集團的一種主動選擇。六四之後，中國共產黨為了維持政權，維繫一黨專政，需要提高國家和政權的安全水準，尋求穩定的財政收入來源。按照一般的財政收入體系，即使後來的「分稅制」也不足以滿足中央財政支出大規模擴張的需要。而強大的國有壟斷企業，無疑可以確保中央政府的收益。我現在手頭並沒有大型國有企業對中央財政直接和間接貢獻的比例，但是可以肯定，中央政府從壟斷企業中得到的利益不僅數額巨大，而且穩定增長。中央政府具有從壟斷企業獲取財富的雙重身分：第一個身分是政府，理所當然的獲取稅收，而且是多種稅收；第二個身分是大型國有企業的絕對股東，通過國有資產的管理，參與分紅。

我還想強調：中國的國家壟斷是一種政治壟斷，它和傳統的資本主義壟斷有很大不同。後者主要是非政治和非國有企業的壟斷，加之民主制度的制衡，國家有能力通過反壟斷法對抗市場壟斷。但在中國，國家和國有企業在壟斷利益上是一致的。在這個意義上，中國的反壟斷法，既沒有前提也沒有對象。

陳：那麼，國家資本主義和「權貴資本主義」是什麼關係？

朱：這個問題涉及到了中國當下的核心特徵。一方面，中國是一個國家壟斷資本主義的國家。按道理，國家壟斷資本主義的壟斷到了這種程度，「權貴資本主義」很難有發展空間。但是，在中國，國家壟斷資本和企業，從來與權力和裙帶關係相結合。進一步分析，權貴資本主義還是國家壟斷資本主義的重要基

礎。「權貴資本主義」還表現為一種門閥資本主義、權力、財富、家族和門第緊密結合。這是古今中外極為獨特的一種由國家領航的資本主義。在過去二十年間,特別是過去十年間,中國成為一個造就世界級富人的生產線。

要深入理解中國的國家壟斷資本主義和私人家庭資本主義的關係,就不得不涉及到中國的政治制度。因為中國是「黨國體制」,黨國成為經濟資源壟斷的主體,且不受任何監督。按照中國公開的法度,國有資產畢竟姓國不姓私,據為私有為法理所不容,為全民所不容。但是處於權力中心和周邊的那些個人和家族,卻可以千方百計將部分國家資源持續轉換為私有資產,而且已經形成了一套完整的機制。第一,切割,就是將某些國有部門、某些國有企業讓渡給相關家族和企業。第二,藉反壟斷、民營化的名義,讓已經具有資本實力的相關家族合法進入利潤豐厚的行業和部門。第三,基金方式,即由國有壟斷企業出資本建立基金,管理權逐漸替代所有權。第四,上市圈錢:讓上市之前已經控制股份的利益集團,再成為上市的受益者。除此之外,還可以舉出其他各種方式。由於中國國有壟斷資產龐大而且日益擴張,其所支持形成的權貴、門閥資本主義集團成員,自然可以輕而易舉地成為世界級富人。

陳:匪夷所思。

朱:我們都有原始共產主義瓦解,私有制誕生的知識。中國提供了一個鮮活的當代例子。中國在財富的積累和分配上,經歷了兩

次完全不同的掠奪。一次，發生在共產黨奪取政權，將中國數千年、數百年私有經濟私有財產變成國家所有。第二次，就發生在過去二十年間，與壟斷國有企業特權相聯繫的既得利益集團，全面侵蝕國有經濟和集體經濟，並通過實際控制權，將屬於人民的財產和資產的很大部分轉化為家族、門閥、私人資產。一次是通過武力，一次是通過權力。

在傳統資本主義的發展史中，富人財富的積累需要一代人幾十年、甚至幾代人的努力。即使比爾·蓋茨、賈伯斯他們創造了那麼有技術含量的產業，也花了三十餘年的時間。但是，中國的富人可以在不足十年、甚至更短的時間內積累世界級的財富。所以，在中國所謂的仇富心理背後，是人們對富人財富形成過程和方式的不認同。這是中國最嚴重的社會危機的根源所在。

我過去說過，在我是共產黨員的時候和我被共產黨開除之後，都常常想到共產黨裡的三個人：一個是方志敏和他寫過的〈清貧〉；一個是瞿秋白就義之前一無所有，在刑場上哼著國際歌；一個是陳獨秀，小偷到他家偷東西，沒有什麼可偷，才偷了他的手稿，而這個手稿就是他的命，自此一病不起。無論人們如何批判共產黨和共產主義，對其歷史根源還要如何發掘，對其給人類帶來的災難如何揭露，但是有一點是肯定的：中國共產黨最後演變成一個控制龐大社會財富的集團，其中少數人把公共財富據為己有，是這個黨的創始人、先烈以及絕大多數成員始料不及的。

在這裡，我很願意為所謂的中國「左派」說幾句話。他們否定現在，是因為他們不明白，或者不能接受這樣的事實：共產黨和共產主義的宗旨是消滅私有制，建立一個平等社會，實現共同富裕；但是，中國這個由共產黨執政的國家，卻成為了貧富差距最大，少數富人控制絕大部分國民財富的最不平等的社會。因此，他們懷念毛澤東，甚至主張回到毛時代。中國「左派」的誤區在於他們不知道，也不願意承認，正是共產主義導致了極權主義和黨國體制，剝奪了人民的政治權力，政治權力遭到壟斷濫用，與經濟和商業利益結合，以至於出現對資源的不合理占有、對國民財富的不公平分配。

陳：您如何評價中國的「右派」？他們和國家壟斷資本主義有怎樣的關係？

朱：其實我非常不願意用「左派」、「右派」這樣的概念來劃分中國的社會和政治光譜。剛才說的左派是按中國的劃分辦法，指希望回到毛時代，甚至不惜回到文革時代的政治派別。社會財富分配的嚴重不合理，貧富差別過大，徹底背離了中國共產黨承諾的共同富裕。毫無疑義，中國的所謂「左派」看到了這些現實問題，於是把這一切歸咎於經濟改革開放、市場化和私有化。但真正的原因是，1990年代之後已經背離了「改革」初衷。中國並沒有真正建立市場經濟，私有經濟並沒有充分發展。對於這個問題，中國「左派」的思想混亂不清，他們尋求的解決辦法往往是走回頭路。

關於中國的「右派」其實很難定義。按照人們的通常標準，中國的「右派」似乎應該是那些在經濟上主張市場經濟，在政治上主張普世價值、尊重人權、支持實行多黨政治和議會民主的群體。但是，如果按照這個通常標準，在中國本土內幾乎很難找到「右派」。那些被認為的自由派或者「右派」的代表人物，大都名不副實，他們的背景、思想和立場跟真正的自由派差距相當之大。以吳敬璉為例，他被認為是市場經濟的代表，但是他所支持和參與的 1989 以後的中國經濟改革，不是不斷地逼近，而是日益地遠離真正的市場經濟。國有經濟並未得到抑制，而是不斷強化壟斷程度；民營和私有經濟不是蓬勃成長，而是不斷被打壓。在吳敬璉這類人那裡，市場經濟、自由競爭、產權多元化，不過是口號和空話而已。他們其實已經成為既得利益集團和相當多的國有壟斷企業的利益分享者和代言人。中國還有一些「自由派」的代表人物，直接為中國富人階層辯護，否認原始資本積累的原罪。他們的錯誤不是為富人說話，而是忘掉了中國富人的相當一部分，從資本原始積累到財富膨脹，都和國家權力有這樣那樣的結合。總之，中國的右派或者自由派，大都迴避諸如政治制度改革這樣的敏感問題，也沒有道德勇氣倡導人道主義維護人權，更別說主張在中國結束一黨專政、實行民主制度。

我在這裡提醒，在當代中國的國情下，很多經濟學概念都存在著需要重新定義的尷尬局面。例如，我今天反覆使用「國家壟斷資本主義」概念，但其中「資本主義」四個字是非常勉

強的，因為中國從來沒有機會真正重建「資本主義」。「市場經濟」的概念如此；「私有經濟」的概念也是如此。

四、中國國民經濟的根本問題：
　　人口過剩、生產過剩與資本過剩

陳：可否談談您對中國宏觀經濟的看法？

朱：我對中國宏觀經濟的看法與中國主流經濟學家有三個區別：第一，我分析的出發點和歸宿，都不包含對現政府經濟政策服務的意識；第二，我不是講短期，而是講中期，所謂中期指五年左右的時間區間；第三，我關切對長程有影響的經濟現象。一般說來，任何一個國家在任何時期，其宏觀經濟中都會存在著增長放緩、失業、通貨膨脹、經濟結構失衡、宏觀經濟政策失誤之類的問題。如同人吃五穀雜糧經春夏秋冬，沒有不得病的道理。當代世界經濟環境、社會環境瞬息萬變，宏觀經濟自然會波動。在我看來，說中國宏觀經濟存在問題，主要是指影響宏觀經濟正常運行的制度性和結構性問題，以及對長程的影響。這些問題具有獨特性、制度性和長遠性。

陳：制度性和長遠性是指什麼？

朱：還是先從具體情況入手，再來回答你的問題。中國經濟首先面臨著若干過剩。第一是「人口過剩」；第二是產能和產品過剩；第三是貨幣供給、資本和投資過剩。這三大類型的過剩無疑具

有中國特色，解釋這三大過剩的內在邏輯必須從制度和結構分析入手。這三大類型的過剩，對中國宏觀經濟的影響，勢必是長期的。

「人口過剩」是人人皆知的常識問題。在特定制度下，「人口過剩」不僅是經濟問題，還是社會和政治問題。在中國的體制下，特別是六四之後，維護政治和社會穩定是當局的第一大目標。為了實現穩定，就必須解決就業問題。在人口本來過剩的情況下，在私有經濟和民營企業受嚴重壓抑的情況下，解決就業問題的主要手段就是不斷擴大以國家為主體的投資，以求擴大就業機會，緩和人口過剩造成的失業自然增長。而過度投資，必然導致生產產能的過剩，乃至產品庫存增大。於是，形成人口過剩、就業壓力、投資擴大、產能產品過剩這樣的怪圈。此外，中國持續地擴大基礎貨幣規模，儲蓄居高不下。從貸差變為存差，存貸比持續上升，超額準備金居高不下，人們把這種現象說成流動性過剩，就是貨幣供給過剩，也就是錢太多了，毛了。這麼多錢，導致了中國的資本膨脹。於是，中國宏觀經濟一方面在產能過剩的情況下，繼續開工，避免失業，拒絕減產，造成產品過剩的不斷擴大。另一方面，在資本過剩的情況下，還要繼續維持投資規模，形成更大的產能。這是中國經濟最深刻的矛盾所在。

陳：中國的產能過剩、產品過剩，可以通過擴大需求來解決嗎？

朱：問題就在這裡。中國實行金融壟斷，各級政府公司化，對投資

不僅有決策權，而且有操作能力。但是，中國的黨國體制再萬能，卻沒有辦法強迫國內民眾增加消費。不久前我看過一個資料，是講生產能力怎樣大於居民消費能力。中國居民消費總支出與中國工業消費品的內銷產值的差距持續擴大，目前至少高達五萬億甚至七萬億人民幣以上。大量的工業消費品生產出來沒有市場，只能是增加庫存規模。以彩電為例，在 2000 年前後的彩電生產量是三百萬台，銷售量是一百萬台。2010 年彩電生產到了一點一八億台，消費量是四千萬台。但是中國的彩電生產依然在高速膨脹。這是因為如果彩電行業削減生產，必然導致開工不足甚至倒閉，減少彩電行業的生產規模。這是各級政府所不能容忍的。於是，中國政府就推動彩電下鄉，讓沒有彩電的農民購買。但是，因為電費過高，彩電下鄉並沒有刺激出多少需求。至於國際市場，中國彩電的份額早已達到極限。顯而易見，這樣的模式也許可以躲過初一，但註定躲不過十五。

在正常的市場經濟國家，如果發生嚴重產能過剩的情況，是通過經濟危機加以調節，包括失業擴大、經濟蕭條等。但是，中國採取的辦法卻是壓低工資，其結果是中國居民收入增長緩慢，恰恰又破壞了居民消費能力的擴大。於是形成了一個惡性循環。

陳：不論是產能過剩還是產品過剩，其背後不都是資源浪費嗎？

朱：是的。不論是根據官方資料還是學者調查，中國製造業設備的

利用率僅有七成左右，大約有四分之一設備閒置是沒有爭議的共識。鋼、銅、塑料材料的生產設備，閒置率高達五成。有些新興工業，像集成電路板、太陽能電池、風力發電也嚴重過剩。生產設備的閒置，就是各種資源的浪費。

陳：沒有辦法解決這些問題嗎？

朱：非常難。這裡有兩個具有中國特色的原因。第一，中國是許多跨國企業的生產中轉站。他們的生產量通常大於中國市場的需求量，因為要把多餘部分用於世界其他各國市場，但是他們往往高估市場的擴張能力。第二，中國各級政府為了自身的財政收入和增加就業，大力扶植本土企業的產能擴張。說到國際市場，西方消費模式正在轉型，趨向更節約、更環保的消費模式。此外，各國的企業家、生產商、供應商、消費者，都開始警覺和抵制中國產品在世界市場的過分擴張。加之更多的後進發展中國家的「崛起」。中國產品的外銷阻力越來越大，而這又加劇了中國的生產過剩。

錢：所以，中國現在正在成為一個資本輸出國，在發展中國家甚至發達國家建立生產基地，以解決資本過剩問題？這又是否造成了中國的對外關係趨於緊張？

朱：在過去五年間，中國成為了世界第二大經濟體，第一大生產製造國、貿易國，繼美國之後的資本輸出國。但是中國的資本輸出並非像人們以為的那樣一帆風順，而是遇到了難以想像的阻

力和抵制。重要的原因是世界變了，海外資源越來越短缺，例如石油資源。不是說中國有了資本有了錢，就能夠輕而易舉地進入到這些行業。在中國所要進入的大部分國家，都已經有了民主制度。中國的投資面臨著這些國家的法律程序，以及這樣或那樣的工會組織，處理勞工問題的難度遠遠超過在中國本土。當然，還有經營管理、人才和勞工培訓的問題。

我注意到中國一些海外投資者，不論國有企業還是私人企業，過去接受了太多的殖民主義時代的影響，以為可以在 21 世紀的今天重複 20 世紀甚至 19 世紀殖民主義者的故事，其實是非常錯誤的。所以我們看到，即使在非洲一些經濟相當落後的國家，也不是誰有錢就歡迎誰。中國在海外的市場不僅遭遇到發達國家的抑制，而且還遭遇到其他發展中國家「後來居上」的壓力。此外，中國在海外購買資源產品和投資資源產業也面臨著各種有形和無形的阻力。

陳：您怎麼看中國的房地產業？房地產是否也是供大於求的行業？

朱：房地產成為中國主要的產業，是兩個因素造成的。一個是地方財政膨脹。另一個是過剩資本只能流向房地產業。中國國土太大，它的房地產業是從大型城市擴張到二級城市，從二級城市向三級城市擴張。於是，房地產、城市化、資本過剩，變成同一個問題了。在這一過程中，房地產業所吸納的貨幣總量，是天文數字。現在看只有當整個中國縣一級城市都蓋一遍房子之後，這個過程才會完結。大概還需要三到五年左右。請注意，

中國的房地產已經從北京和上海這樣的大都市，正在向二級城市、三級城市推進，活生生地把城市化的水準從 30% 左右，變成了 50%。這次中國的城市化大躍進是人類歷史上罕見的，其副產品是消滅了中國成千上萬的自然村，改變了中國的傳統農村分布。

還要補充的是，中國的房地產業既造就了背負巨額房屋貸款的房奴，也造就了擁有房屋資產的有產階層。例如，原本的北京人和上海人，只要過去享受過「單位」分房，或者舊家拆遷之後的房屋補償，大多數就不是真正的窮人。這種情況也發生在二級城市，甚至縣市居民。

至於中國的房地產是否供大於求，其指標是空置率。在中國，商品房的平均空置率不會低於 10%，當然嚴重。如此下去，會觸發中國的金融危機和經濟危機。因此，從 2010 年初，中央政府不惜代價，不遺餘力地打壓房地產業。

陳：按經濟學的一般解釋，資本過剩是利潤率下降造成的？

朱：這個問題觸及了中國宏觀經濟的一個要害。經過持續二十餘年的高經濟增長，人均國民生產總值超過三千美元。原本存在的二元經濟不但沒有縮小，而且在加大。不但存在著現代經濟，也存在著傳統經濟。具體怎麼解釋呢？在實體經濟中，存在著發達地區和落後地區；在金融經濟中，存在著國家壟斷的現代金融體系，和游離於這個體系之外的民間金融體系。我們現在看到的情況是：在國家壟斷控制的行業和部門，資本是充裕甚

至是過剩的。但是，大量中小企業卻始終面臨資本供給不足的壓力，無法擺脫資本飢渴症。中國資本的相對過剩，其實和利潤率沒有太大關係，而是和制度有很大關係。對於某些國家壟斷行業和部門來說，利潤率再低，資本也不會減少。但對於民營經濟，即使利潤率再高，也不意味著資本的供給。此外，中國的國民收入分配也是高度二元化。一方面，廣大民眾打工為生；另一方面，特權階層用權力換取資本，資本再轉化為超額收入，外加灰色收入。所以，貧富差距大幅度擴大。

陳：貨幣資本投資過剩，勢必推動通貨膨脹，刺激經濟增長。但生產過剩的最終邏輯後果，卻是經濟蕭條和增長率下降。您是這麼看的嗎？

朱：中國的宏觀經濟長期糾結於通貨緊縮和通貨膨脹的同時壓力之中，既要防止經濟過熱，又要維持經濟增長。所以，中國經濟學家二十年來關於宏觀經濟的分析和對策，幾乎都是圍繞這兩個問題。當經濟緊縮時，就主張積極的貨幣和財政政策，強調刺激增長。反之，為了避免經濟過熱，就主張採取緊縮的財政和貨幣政策。翻來倒去。

在我看來，中國的主要壓力是通貨膨脹，而不是通貨緊縮。這是因為考慮中國經濟問題時，一定要把政府作為一個最大的變量。中國的財政收入多年來兩倍於 GDP 增長，使得中國政府成為世界上最富有的政府，而且是世界上最大的消費實體和投資主體。舉國上下批評的公款吃喝、公費汽車等問題，

除了造成貪腐之外，也支撐了中國的 GDP。巨額軍費和維穩費用，除了造成新的既得利益集團之外，同樣也支撐了中國的 GDP。只要維持現存的政治制度，維持和擴大就業，即使在生產過剩的情況下，也要繼續投資；在產品過剩的情況下，繼續生產；在通貨膨脹的壓力下，繼續增加居民的名義貨幣收入。這是一個寧可要經濟過熱，也不可能要經濟緊縮的政策取向。

至於這樣的政策能走多遠、走多久，每一屆執政者都是不關心的。對於受過正規經濟訓練，在西方社會生活的人來說，要理解中國這種特有的經濟現象實在是太困難了。可以肯定的是，如果中國政府因為懼怕社會出現不穩定而堅持不讓失業率上升，生產的東西會積壓得越來越多，總有一天會到達一個極限，其最終的後果就只能是失業規模完全失控。也就是說，中國的危機不會是一種從十度到二十度、三十度的逐漸擴散的危機，而一定是聚變為一次性大危機。

我做一點具體分析，有助於人們理解這個問題。財政補貼是中國政府介入和影響宏觀經濟運行的不可忽視的手段。為了刺激出口，政府可以運用各式各樣的財政補貼。例如，在小轎車工業嚴重過剩，國產汽車競爭力不足的情況下，政府對國產汽車進行補貼。如果取消政府對國有企業、重點行業和相當多產品的直接補貼和間接補貼，中國經濟很可能陷入紊亂，甚至崩潰的境地。所謂的技術創新產品，幾乎也能得到各類補貼。

陳：您認為中國的通貨膨脹本質上是一種貨幣現象？

朱：當下歷史階段的通貨膨脹的實質是貨幣現象。中國持續實行寬鬆的貨幣政策，貨幣供給過大，是推動通貨膨脹的根本原因。但是，貨幣機制的最終影響還是需要通過實體經濟的，主要是通過原材料和能源價格的上升實現的。中國要經濟增長，就必須擴張投資能力，需要投入更多的能源和原材料。這加劇了世界範圍內能源和原材料價格的上漲，而且推動了相關企業產品在世界範圍內的漲價。中國每一次入股國際能源和資源企業，都要付出「天價」成本。所有這些都會導致全方位的通貨膨脹。

陳：貨幣供給過大導致投資過剩，投資過剩又導致產能過剩？

朱：不妨通過事例來加以說明。先講鋼材。鋼材嚴重過剩，導致產品積壓，形成鋼材價格下降壓力。而中國貨幣過剩，相當多的資本流入鋼材領域。當鋼材價格下降到接近成本區間，資本就會湧入，超常吸納屯積。一旦鋼材市場向賣方市場傾斜，就會拋售鋼材變現。在這個過程中，資本湧入鋼材領域，不僅可以有效地阻止鋼材價格過度下跌，而且因為對鋼材資源的壟斷，會導致鋼材價格成為推動下一輪通貨膨脹的一個因素。所以，鋼材產能過剩、資本過剩產生了一個複雜的交叉機制。煤炭也是如此。和鋼材相比，煤炭更受制於運輸能力，而運輸能力是長線投資。因此，煤炭的價格波動，不僅受煤炭產量影響，也受資本過剩和運輸能力影響，是這三者交叉平衡的結果。

陳：所以，在您看來，當前中國的高增長和高通貨膨脹是不可分割的。

朱：是這樣。但重點是：如果不能建立合理的經濟和政治制度，這樣的高增長一定是少數人受益；這樣的高通貨膨脹一定是多數人受害。

五、中國未來

陳：有些經濟學家相當樂觀，說高速增長還可以維持十年二十年。也有人認為「中國模式」不可持續，甚至有中國經濟「崩潰論」。您怎麼看？

朱：嚴肅的經濟學家都不願意談未來。凱因斯的著名說法是：從長期看，我們大家都死了。如果一定要說未來，我傾向於把它限定在二、三十年的時間範圍內。

在我看來，中國過去二、三十年的高速發展，並非是近現代史上的第一次。在清末新政時期和民國初年，在國民黨南京政府的 1927 年至 1937 年，在共產黨執政後實施「第一個五年計畫」的 1953-57 年，都發生過高速增長，只是這次的時間相對的長。但這是和一些特殊條件聯繫在一起的。第一，中國在經濟改革和開放之前，經濟發展水準過低，基數太小；對中國這樣的大國而言，增長空間極大。第二，中國受惠於「冷戰」、「全球化」、「九一一事件」、「1997 年亞洲金融危機」和「2008年美國金融危機」等重大歷史事件所改變的國際條件。第三，中國絕大多數民眾，因為物質生活水準提高，形成了對未來的積極預期。第四，1989 年六四之後，中國統治集團採納以國

家安全、社會穩定為中心的治國方略。擴大了政府內需。上述這些條件都相當獨特，不可重複。「中國奇蹟」也好，「中國模式」也好，其實是一種非常態的歷史現象。中國未來二、三十年的發展，不會是過去三十年的重複和放大。關於中國「崩潰論」缺少歷史的和實證的支持，任何一個國家如果沒有外部力量入侵，全面陷入戰爭，只要人民還要過日子，全社會經濟活動沒有完全停頓，就不可能發生真正意義上的「崩潰」。

陳：在中國過去三十年的發展中，有哪些負面的因素或遺產會影響未來？

朱：關於過去三十年發展的成就，人們說得太多了，無非是因為經濟改革和開放，GDP 持續高增長，完成了「經濟起飛」，實現了所謂的「崛起」。但是，這種情況絕非是中國獨有的。近三十年來，除了非洲的一些地區，整個人類的物質水準都有了相當的改善。在新興市場經濟國家中，除了亞洲、印度，南美洲巴西之外，還有更多發展中國家實現了經濟高速增長。同時，全世界的政治制度也在趨同中走向進步。IT 革命，手機普及，徹底改變了人們的學習和教育方式。

　　所以，我更看重中國在過去三十年所積累的各種負面因素。我把這些因素概括為若干個危機：

　　第一個是生態危機。中國的經濟發展是以大規模地破壞生態為代價的，包括森林砍伐、土壤惡化、沙漠化、水資源短缺和污染、排碳量失控、空氣污染、海洋資源的掠奪、地下資源

的枯竭等等，不一而足。在所有生態危機中，最嚴重的是水資源和土壤的破壞。中國現在糧食的自給率比重很高，達到七成以上，但是缺口的三成的絕對量也是驚人的，需要進口。對世界糧食市場影響甚大。中國農田面積的減少從根本上制約了糧食自給率的穩定。生態危機的背後其實是生存的危機。生態危機不是中國僅有的，但是中國是人口超級大國，其生態環境破壞之後不可修復，以及資源喪失之後不可能再生的後果，要嚴重於世界任何國家。中國的生存和發展，會日益依賴中國之外的資源。

第二個是全民公共衛生和健康的危機。2003 年的 SARS 是第一次大規模的預警。此外，中國無疑是癌症、心血管病甚至愛滋病的大國。我並不知道中國現在癌症病人的人數和增長率，但是我相信，在絕對數、相對比例以及增長率方面，都會是世界最高的。我還相信，中國一定是心理疾病最嚴重的國度，否則不會有如此之高的自殺率。在惡化的全民健康面前，不論創造多少財富，都會被消耗和抵銷。中國在大規模城市化之後，公共環境和醫療體系是相當脆弱的。誰也沒有辦法保證中國會不會發生大規模的公共健康危機，而這種危機遠遠比地震、洪水、颱風等天災可怕。

第三個是社會危機。這個危機領域非常寬闊，可以列舉的至少包括道德危機、制度性貪腐、侵犯智慧財產權，還有偷竊、搶劫、吸毒和賣淫等等。中國的社會危機之所以嚴重，是因為傳統的社會結構已經徹底「解構」，而新的社會體系難以

形成。中國當下的社會基層喪失了「自治」的支點，社會秩序的維持不是依賴社會本身的「自組織」，而是基本依賴於政府和政權的力量。

第四個是經濟危機。衡量中國經濟危機和發達國家經濟危機的標準是相當不同的，差別很大。在成熟的市場經濟國家，經濟增長有 1%、2%、3% 就已經好得很，謝天謝地了。但是，中國卻不能承受低於 5%，甚至低於 6-7% 的增長。因為中國的福利水準太低，沒有增長，沒有就業，對中國很多民眾而言，就是沒有了生存的基本保障，就要出大事。在毛澤東時代，中國農民雖然被禁錮在農村，但畢竟有集體經濟，有土地耕作，有小小的自留地，活下去大體沒問題。但今天，大多數農民已經與土地分離，沒有了家園。如果沒有工作，不能掙錢，沒有棲身之處，那將是引發社會失衡的巨大能量。

第五個是政治統治和治理危機。在今天這個世界上，中國是「敵人」最多的國家。在毛澤東時代，中國的「敵人」很多；但是，毛澤東明白「敵人」的數量不可以太多。即使在文化革命中，毛澤東要求「敵人」總數不可以高於總人口的 5%，所以，有了新「敵人」就放舊「敵人」一把。毛澤東對於國際上的「敵人」也採取相同的策略，前蘇聯稱為「敵人」之後，就結盟美國，「化敵為友」。1980 年代是中國「敵人」最少的年代。但自六四之後，「敵人」就多了起來，有國內的，有國際的。與毛澤東時代比較，只增不減。特別需要說的是，其中的不少「敵人」其實是「假想敵」，而且，欠缺「化敵為友」

的意識。除了中國，美國可能是世界上有強烈「敵人」意識的國家，但是美國的「敵人」大都來自境外，比如死去的柯梅尼、薩達姆、賓‧拉登。在歐盟國家，人們大體不知道什麼是「敵人」，最多只有「壞人」的概念。「敵人」的數量和統治成本有極大的相關性。所以，中國政治統治和治理成本，無論和中國過去比較，還是和美國比較，都與日俱增，集中體現在著名的「維穩」開支上，居高不下。在經濟高度增長，財政收入維持兩位數增長率的情況下，這自然不是問題。一旦經濟增長放緩，財政形勢惡化，就難以為繼了。

　　我所說的這些危機，具有典型的中國特色，都不是積累了一年兩年，而是十年二十年了。這些危機相互影響，已形成一種危機的「疊加效應」。中國已經進入到了解決其中任何一個危機，都要牽扯到面對其他危機。任何一個危機沒有處理好，都可能引爆其他危機。中國有句古話是「前人種樹，後人納涼」，但也有「前人造孽，後人遭殃」的說法。中國未來的根本挑戰是：不僅要維持經濟增長和發展，還要面對和正確處理過去三十年所積累的各種危機。所以，中國的領導人是當今世界最累的領導人。

陳：您曾經提過「週期」的概念，可否解釋一下？

朱：在中國的傳統農業社會，「經濟週期」是很明顯的。一般是「一豐兩平一歉」，農業比重超過五成受制於「老天爺」，而農業週期決定著「經濟週期」。至於「政治週期」，一般是指改朝

換代，相對的長很多。

　　從清末到 1940 年代末，中國一方面開始工業化，一方面不斷與世界經濟接軌，中國的「經濟週期」不僅與本土的工業化進程連在一起，還受制於世界的商業週期，這在 1930 年代特別明顯。在共產黨獲得政權之後，在計畫經濟制度時期，「經濟週期」差不多和「五年計畫」同步。所謂「五年計畫」就是一個「投資週期」。在過去三十年中，中國的經濟改革和開放、制度轉型、參與全球化，這些新的因素掩蓋和干擾了中國傳統「經濟週期」的結構和機制，造成傳統週期的延長。原本可能出現的週期性蕭條被化解，直接跳躍到新的增長和繁榮週期，所以中國經濟出現了長達一、二十年的亢奮狀態。但是，這樣的週期紊亂的歷史已經悄然結束。中國正在進入常規的週期時代，而從 2012 年前後，中國經濟正在進入衰退的拐點。我前面談到的那幾種過剩，就是經濟進入衰退週期的重要因素。遺憾的是，中國經濟學家忽視了中國「經濟週期」的演化歷史，將過去三十年因為週期紊亂所形成的過長的經濟繁榮當作常態，視為一種可持續的正常現象。在中國，「政治週期」對「經濟週期」作用強烈。在毛澤東時期，「政治週期」在 7-8 年一次，相當於三次「五年計畫」有兩次「政治週期」。在過去三十年，五年一個小週期，十年一個中週期，共產黨的換屆是「政治週期」的最直接因素。中國目前的危險是下行的「經濟週期」和進入顯著紊亂的「政治週期」呈現重合趨勢。

陳：政治改革與經濟改革的關係，您怎麼看？

朱：我想糾正人們的一種看法：中國經濟改革大體是成功的，已經建立市場經濟、多元制度，實行對外開放；所以，中國的問題就是如何改變政治改革的滯後，如何加快政治改革的問題。這是一種片面性認識。中國在六四之後，不僅政治改革停頓和倒退，強化了黨國體制，而且經濟改革也步入歧途，走上了國家壟斷資本主義道路。中國如今的問題，豈止是經濟改革成功和政治改革滯後的矛盾，而是經濟改革和政治改革雙雙背離1980年代初衷的問題。或者說，中國目前的經濟制度的缺陷和政治體制的缺陷大體一致。要看到，沒有六四之後的政治體制，中國也不會如此之快地形成國家資本主義和既得利益集團。

中國共產黨人歷來講「歷史唯物主義」，懂得和實踐「經濟基礎」決定「上層建築」，以及「上層建築」反作用「經濟基礎」的道理。這是他們滯後政治改革的深層原因。不政治改革，本身就是一種選擇。如果中國真的實現政治改革，又怎麼可能保證和維繫國家壟斷資本主義，以及依附於國家的私人資本主義、家族利益？所以，中國的未來不是簡單的啟動政治改革，而是要觸及和改革整個政治和經濟制度。就經濟領域來說，勢必要「第二次改革」。

陳：如何實行「第二次改革」？

朱：從回歸理性和回歸1980年代開始。2008年舉辦奧運會時，民族主義、愛國情緒達到了最高點，到處講「盛世」和「崛起」，

還有「中國模式」。那一年又發生世界金融危機，中國更加「自我感覺良好」，甚至認為中國可以改造世界貨幣金融體系。中國進入非理性狀態。和 2008 年前後比較，越來越多的人們已經明白，所謂的「中國模式」難以為繼。支撐這種發展模式的社會成本、經濟成本過大，而如此之高的成本所得到的收益，無論對統治者還是被統治者來說，都在趨於零甚至走向負數。現在到了必須回歸理性的時候了。中國需要做新的歷史選擇，在不同政治勢力和思想派別間求同存異，選擇一個大家能夠接受的基本方向。在我看來，最有共識基礎的就是回到 1980 年代，重新整理胡耀邦趙紫陽的歷史遺產，把他們沒有完成的事情重新啟動。這是為了避免同歸於盡，避免大的社會動盪。

陳：回到 1980 年代的最大障礙之一是如何面對六四？

朱：那是當然的。六四對於中國未來發展是必須面對的，難以逃避的，不可逾越的。八九民運的積極和正面的歷史意義，老百姓知道，精英知道，特別是當權者也知道。但是，解決或重新評價六四問題，自然會遇到太多既得利益者的抵抗。因為正確評價六四本身就相當於一次社會革命。在現實政治生活中，風險和收益是正比例的關係。那些有機會重新評價六四的人，既冒著最大風險，也將獲得最大收益。

陳：張木生主張回到「新民主主義」，您怎麼看？

朱：張木生是老朋友，優秀得很，精通馬克思主義，熟悉中國農村。

但是，我對於回到「新民主主義」不以為然。在當代中國，「新民主主義」是一個幾乎從來沒有存在過的概念，而絕不是一個實實在在的歷史。七十年前，毛澤東主張「新民主主義」，帶有很大的宣傳、統戰目的。他內心是否真的相信有一種「新民主主義」，從來就是一個問題，現已無從考證。可以肯定的是：1949年之後，劉少奇因為主張中國進入了「新民主主義」時期，遭到毛澤東痛擊，因為毛澤東希望中國快速地向社會主義過渡。現在，在21世紀過去了十多年的中國講「新民主主義」，是一種政治考古，無異於「刻舟求劍」，沒有出路。

陳：中國真有可能再回到胡、趙時代嗎？今天的中國已不是1980年代的中國，而且，在二十多年來的國家資本主義發展之後，已形成了新的社會矛盾。回歸1980年代，如何有助於化解這些矛盾，並克服您所謂的「合法性危機」？

朱：就中國的現實來說，「合法性」的問題就是人民是否信任執政黨和執政集團的問題。簡單地說，共產黨的「合法性危機」就是民眾喪失對你的信任，執政集團喪失了信用。其實，「合法性危機」是共產黨執政後從來沒有解決的問題。毛澤東的文化革命，鄧小平的經濟改革，都是為了緩和合法性危機。

　　回到1980年代是非常有彈性的選擇。首先，與回到「新民主主義」不同，這不是回到一個主義。中國的歷史教訓很多，只要回到一個主義，就會強化意識型態的衝突。我所謂回到1980年代，更強調的是一種價值觀，而價值觀可以容納不

同的主義。在 1980 年代，表面上仍堅持「四項基本原則」，但是意識型態的作用弱化，「普世價值」的影響擴大。不然的話，就不能理解為什麼在 1980 年代有所謂的「反對自由化運動」。其次，回到 1980 年代，也意味著一個包容不同發展模式的共同體。因為 1980 年代的道路是在承認中國已經歷過社會主義公有制和共產黨一黨執政的前提之下，通過改革建立新型的市場經濟、開放和民主的社會，實現分配大體公平的豐裕社會，給每一個人經濟和政治權利。1980 年代的改革歷史證明，這條道路是為社會主流和多數人接受的，是可行的。

關於如何面對自六四以來的二十餘年的負面積累，如何克服在改革之初已經出現的，而現在進一步惡化的「合法性危機」，無疑是一個很大的難題。現在與 1980 年代的最大差別是：國家壟斷資本主義和以家族為單位的既得利益集團形成了穩定的結構。中國內在的矛盾不再是單純的理念和主義之爭，而是利益之爭，甚至關係到身家性命了。我認為，回到 1980 年代，建立一個容納不同社會階層，甚至包括既得利益集團在內的對話和妥協的政治框架，進而在民眾的支持下，走向憲政民主，是有現實基礎和有可行性的選擇。

陳：假設歷史給中國回到 1980 年代的機會，誰來主導？您曾經接受過「新權威主義」嗎？

朱：在 1980 年代，我並沒有捲入「新權威主義」的討論，因為我厭惡討論主義之類的問題，也不希望將經濟問題和意識型態相

關聯。六四之前興起的中國「新權威主義」，其理論基礎主要來自亨廷頓的政治學說，其核心思想是中國的政治民主化須以經濟市場化為基礎，而集權是經濟市場化的前提，所以中國需要政治權威和集權。中國 1990 年代以來的發展，在一定程度上吸取了「新權威主義」的思路。只是，如今的中國距離真正的市場經濟和民主制度不是更近了，而是更遠了。

　　據說，在六四之前，趙紫陽又一次向鄧小平提到了「新權威主義」，並解釋說：「新權威主義」就是政治強人穩定形勢，發展經濟。對此，鄧小平說他也是相同主張，不過不必用這個提法。應該說，趙紫陽注意和思考過「新權威主義」，但是並沒有簡單地接受「新權威主義」。趙在堅持經濟改革的同時，已經開始全面思考政治改革，承認民主化就是政治改革不可迴避的問題。

陳：我知道您不喜歡用「左派」和「右派」去分析中國的政治光譜，但是中國的左右之爭不是一直很激烈嗎？

朱：我的觀點是：今天的中國尚未出現清晰的政治光譜，也就是說，還沒有清楚地形成不同的政治思潮。各種所謂的派別，不論是「左派」還是「右派」，「改革派」還是「保守派」，都處於相當粗糙的狀態。中國沒有像樣子的「右派」，你說誰是「右派」？我看不出來誰是「右派」的代表人物。中國也沒有真正的「保守主義」，儒家也不是「保守主義」。

　　其實，只要沒有真正的民主制度，就不可能產生清晰的

政治光譜。這是中國近現代政治發展史中的老問題，清朝末年如此，民國時期如此。為什麼中國在 1949 年之前主要就是國民黨和共產黨的鬥爭？為什麼所謂的「第三勢力」無法發育成長？深究其原因，都可歸咎於民主政治沒有得到充分發育。只要政治派別簡單化，就很容易為極端派提供機會。中國人都知道，國民黨和共產黨都是靠革命起家的，都號稱革命政黨，而敵人自然都是反革命。中國共產黨執政之後，「反革命罪」維持到了改革年代才最終廢除。

在今天中國，「改革」如同昨天的「革命」一樣，完全被庸俗化，每人都以改革派自居。至於改革什麼，每人有每人的含義和解釋。所以，也不可簡單以「改革」來區分中國的政治派別。真正畫線的標準應該是：到底要怎樣的經濟制度、政治體制、法律體系？或者更簡單：到底要不要支持機會平等和社會正義？

我個人反對任何政治傾向下的激進主義和激進派，因為不論是「左派」還是「右派」都有極端主義，都會「唯我正確」，拒絕多元、寬容和妥協，導致破壞而不是建設。中國最需要的是理性和對話。而要實現這樣的轉變，中國的執政集團是否有新思維最為重要，因為他們現在擁有權力和一切資源。

陳：您似乎借用了西方左派的部分資源，主要是解放主義式左派（libertarian left）的部分觀點？

朱：就我的思想資源來說，很雜。是的，left-libertarianism 對我很

有影響，我希望人民在經濟和政治上都享有真正的自主權力。為此，就必須限制國家和大公司的權力，尤其要制止現代國家和跨國公司的聯盟。在產權方面，我不是簡單的私有制主張者，而是支持 self-ownership，欣賞合作經濟。此外，我支持地方貨幣。

在經濟學思想方面，我接受亞當・斯密的基本理念。當然，奧地利學派對我也有很大的影響。當代人類在經濟領域的深刻危機，源於人們日益脫離自由競爭的市場經濟。我認為中國不過是一個特例而已。

近年來我重新發現了「無政府主義」的價值，雖然無政府主義是徹底的空想主義。我常常感到特別遺憾，中國知識分子就是太現實，不崇尚空想。我還承認，我在批評共產主義的同時，其對我的影響並沒有完全消失。我現在被認為是共產黨的對立面，但是需要說清楚的是，此共產黨已非彼共產黨。那個讓我忘我工作的 1980 年代的共產黨，在六四之後已經徹底異化。

陳：您最大的關懷似乎是不希望中國未來失序，而希望各類危機得到理性的緩和？

朱：中國現在最重大的問題是：已經不可能再按照現在的模式運行下去了。當然，我不是說立即，不是說明天都過不下去了。此時此刻，「中國模式」還有一定的能量和慣性，還沒有走到盡頭。至於還能持續多久，三年五載大體沒什麼問題。而且，如

果中間冒出幸運的因素，還可能會延長。但是，如果不尋求變革，爆發嚴重危機僅僅是時間問題了。

中國的歷史教訓表明，中國承受社會矛盾積累的能力超過任何其他國家。但是，這恰恰是最危險的。一旦總爆發，失序的力度和時間也會比任何國家大得多和長得多。其間，沒有任何人能是贏家。所以，我希望中國能避免危機的總爆發，希望在這個時刻到來之前，危機可以分流，甚至化解。

至於中國是否已經有了明確的替代性的發展模式？目前還沒有。所以，我認為唯有回到 1980 年代，以胡耀邦和趙紫陽的歷史遺產作為各方現實力量的妥協基礎，完成胡、趙在 1980 年代本來要做的事情，為此糾正步入歧路的「改革」，才是最現實、最理性的當前出路。1980 年代不是久遠的時代，我希望、也試圖讓大家接受我這個想法。

六、補充問題

陳：現在是 2012 年 3 月，我想追加幾個提問。

朱：歡迎。

陳：2012 年 1 月，台灣遠流出版了您的大作《從自由到壟斷：中國貨幣經濟兩千年》（上、下冊）。關於這本書的寫作過程，您在後記中做了詳細介紹。您最主要的問題意識是什麼？

朱：我試圖對中國兩三千年的貨幣經濟史做一次重新的梳理和解

讀。概括起來就是：貨幣經濟史證明了中國兩三千年的歷史，確實是從自由到壟斷的歷史。中國自由經濟的歷史兩、三千年，壟斷的歷史充其量不過是七、八十年。以貨幣經濟而言，直到 1933 年「廢兩改圓」，和 1935 年「幣制改革」，中國貨幣經濟的自由傳統才真正完結。這本書的主要目的是告訴人們：雖然當代世界所有國家都實現貨幣壟斷，但是在中國因為實行黨國體制、極權政治一體化，使貨幣完全淪為了政府的工具。這樣的貨幣經濟究竟會怎樣演變下去，我並沒有結論，但是我把問題提出來了。

陳：哈耶克對您有多大的影響？哪些方面的影響？

朱：我讀哈耶克的東西讀得很早，可以追溯到 1970 年代，我那時讀了他的《通向奴役之路》。但是，我真正大體讀懂哈耶克的經濟思想史是在 1990 年代初期。那時我在哈佛大學和 MIT 做訪問學者，有點時間反省中國經濟改革的不徹底性。2000 年之後，到了維也納，來到了哈耶克讀書和生活的地方，拉近了和他的距離。我在維也納認真讀了哈耶克的《貨幣的非國家化》，深受啟發。人們認為他的貨幣非國家化思想是烏托邦，我卻根據中國幾千年的貨幣經濟史證明：貨幣的非國家化不僅在中國曾經存在過，而且是中國經濟歷史的重要基礎所在。

陳：您怎麼看占領華爾街運動？在中國大陸，反壟斷的社會支點可能何在？

朱：我並沒有簡單地反對全球化，我認為全球化有很大的進步意義。只是冷戰之後的這次全球化，導致並加劇了中國走向國家壟斷資本主義。它使共產黨和華爾街建立了聯盟，產生了從來沒有過的一種政治經濟的變異，就是極權的政治資源和資本的力量結合在一起，形成經濟壟斷和對自由前所未有的壓制。這是為我的理念所不容的。占領華爾街是一種浪漫主義的挑戰，對華爾街和當代金融制度不會產生實質性的衝擊和改變。但是，它對於年輕人形成新的思想，會有積極的影響。至於中國反壟斷的支點在哪裡？在中國民間！主要是廣大的中小企業家，以及獨立的知識分子。

陳：您夫人柳紅最近以獨立參選人的身分，參與北京的基層人大選舉。是否可以說，基層人大選舉是否逐漸開放，是當局對政治體制改革的態度的重要指標之一？

朱：柳紅獨立參選北京朝陽區人大基層選舉，是對民主的一種實踐。在這個參與過程中，柳紅和她的支持者得到兩個重要的初步結論：第一，現政權對基層人大選舉是絕對控制。與 1980 年代那次人大代表選舉相比，不是進步了，而是大大倒退了。目前為止，現政權在民主改革方面寸土不讓，寸步不退。第二，一旦大環境發生變化，基層人大選舉的進步改革並非是一件難事。目前基層幹部對於政治體制改革採取對立態度，不是因為他們的思想，而是因為現存的利益。

陳：您曾經參與海外民運，後來退出。如今，您寄多大希望於自上
而下的政治改革？

朱：在我看來，中國已經大致具備了啟動民主轉型的硬體和軟體條
件。從民眾的覺悟、社會需求來說，時機已經成熟。但是，統
治集團仍拒絕這種轉型。而這也不是因為他們的觀念，而是因
為受制於各種既得利益集團。中國人從來講天時地利人和，所
以民主轉型需要大的歷史環境的變化，首先是執政黨內部的變
化。在這個問題面前，需要有耐心。其次，民間要自我學習，
積累力量，要溝通、要組合。

陳：您怎麼看台灣的政治轉型？隨著大陸政經軍事實力的不斷壯
大，您估計兩岸關係可能如何演變？

朱：從第一次來台灣到 2011 年的台灣之行，整整相隔二十年，兩
岸格局出現了新的特徵。我歸納這樣幾點：第一，在經濟方面，
彼時大陸希望引進台灣資本、技術和企業，此時中國大陸經濟
完成「崛起」，對台灣經濟需求大為減少，而台灣對大陸經濟
的依存度卻顯著上升。第二，在軍事方面，彼時大陸和台灣基
本平衡，甚至台灣還有某些優勢；此時，大陸軍事實力迅速崛
起，占有越來越明顯的優勢。第三，在政治制度方面，彼時中
國六四之後，強化極權主義和威權政治；台灣啟動民主化進
程。此時大陸依然拒絕民主化，共產黨在政治上高度僵化；而
台灣完成了兩次政黨輪替，占據了制高點。國民黨進步了，民
進黨對台灣政治轉型的貢獻也需要充分肯定。

台灣民主制度的發育和成熟，是否可以成為制衡中國經濟軍事實力膨脹的一種力量，現在還難以下結論。隨著台灣對大陸的開放，台灣的民主制度，特別是 2012 年總統選舉，對中國大陸的影響越來越大。甚至可以說，形成了某種程度的衝擊，至少徹底推翻了中國人不可以搞民主的說法。

　　現在，兩岸都是變數。大陸是大變數，台灣是小變數。大陸在未來二、三十年間，會有進一步的制度變革和轉型；而台灣已經走向穩定的歷史時期。在這樣的視野下，兩岸的相互影響，就不僅僅是一個量的問題、規模的問題、硬實力的問題，而且是一個質的問題、機制的問題、軟實力的問題。我希望台灣為大陸未來的進步和轉型，提供更多的經驗，起到更為積極的示範作用。

　　我在 1990 年參加了「台灣民主基金會」徵文比賽，題目是「民主再造中國」。我獲得了頭等獎。二十年後，我的這個理念也沒有變化，希望「民主再造中國」成為未來中國的選擇。

從不斷革命到持續改革

中共應對政權「合法性危機」的模式

從不斷革命到持續改革：
中共應對政權「合法性危機」的模式[1]

　　中國向現代社會的轉型始於 19 世紀中後期。但自清末到現在，中國始終無法根本解決政權的「合法性危機」問題。1949 年至今，中共建政已超過一個甲子，「革命」和「改革」是其應對合法性危機的兩種基本模式。其間，毛澤東時代的革命進行了近三十年，此後鄧小平的改革也持續了三十多年。今天，「持續改革」正在重複著「不斷革命」的歷史，不但沒有達到緩和政權合法性危機的效果，反而加劇了危機的廣度和深度。因此，中國需要重新審視改革，糾正已經走上歧路的改革。

一、20 世紀上半葉：從清末到中華民國的合法性危機

　　第一，清末的合法性危機。清朝是滿族人建立的政權，及至康熙年間，基本已克服了合法性危機。此後清政權的「合法性」，屬於韋伯所定義的傳統型，即來自於傳統授命的權威。但進入 19 世紀中期以後，伴隨著鴉片戰爭、太平天國起義、甲午戰爭、義和拳動亂以及革命派的暴力，傳統型的「合法性」已難以為繼。於是，

---

1 本文據 2012 年 12 月 4 日在國立東華大學的演講補充修訂而成。

陸續發生了洋務運動（1861-95年）、維新運動（1895-98年）乃至清末的立憲運動。後者的目的是推動大清成為君主立憲國家。1906年，清政府下詔預備立憲，正式啟動「庚子新政」；1908年，頒布〈欽定憲法大綱〉，宣布十年後立憲。但當時的精英難以忍受為期十年的時間表，遂施壓清政府縮短預備立憲期限，要求在開國會之前先設責任內閣。由於責任內閣排除漢族官員，導致「立憲派」和輿論認為統治集團並無誠意推行憲政，故轉而同情革命。最終，「庚子新政」因背離民意而名存實亡。1911年，辛亥革命爆發，歷史再沒有給清朝統治者通過「立憲」以解決合法性危機的機會。

　　第二，從孫中山到袁世凱的合法性危機。1912年初革命黨人建立中華民國，孫中山被推舉為臨時大總統。但中華民國成立之時，僅僅得到南方若干省份的支持，並不能代表整個中國。故從那一時刻起，中華民國就面臨著合法性危機。最終，是袁世凱暫時緩解了這一危機。其一，袁同意與南方革命黨談判，接受南京臨時參議院選舉他為臨時大總統。其二，袁說服清帝遜位。1912年2月12日，隆裕皇太后代理年僅六歲的宣統皇帝發布《清帝退位詔書》，宣告「將統治權歸諸全國，定為共和立憲國體，近慰海內厭亂望治之心，遠協古聖天下為公之義」，就此結束了兩千多年的封建帝制。[2] 其三，雖受制於《中華民國臨時約法》，袁世凱仍推行政黨政治、創建國會。1913年2月，舉行了中國歷史上第一次國會選舉；同年10月，袁世凱當選為第一任正式大總統。應該說，

---

2 高全喜：《立憲時刻》，廣西師範大學出版社，2011年。

中華民國就此建立了合法性基礎。即使 1914 年袁世凱解散國會，廢止《中華民國臨時約法》，推出新的《中華民國約法》，改內閣制為總統制，使大總統具有至高無上的權威，這些都沒有根本動搖其合法性。但是袁世凱接著改國號、恢復帝制，便將其建立的合法性基礎毀於一旦。

第三，南京國民政府的合法性危機。1913 年，提倡五權憲法的孫中山，不顧黨內反對派黃興等人依循法律解決的意見，以中華革命黨為骨幹，通過造反的方式（史稱二次革命）對抗北京政府。雖然失敗，卻開啟了以「革命」推翻合法政府的先河。1925 年，孫中山過世。但孫氏在蘇俄支持下所創建的黃埔軍校，訓練出國民黨得以武裝北伐的軍事力量，進而在 1927 年建立南京國民政府。國民黨通過軍事和戰爭手段所建立的南京政權，自然從一開始就存在合法性問題。對此，國民黨和南京政府的回應是通過「軍政」和「訓政」過渡到「憲政」，最終還權於民。1946 年，即抗日戰爭勝利後的第二年，國民政府歷時二十餘年的制憲工作終於宣告完成。1947 年 1 月 1 日頒布憲法;同年 4 月，依據政協決議案改組政府，容納制憲各黨進入政府，結束一黨專政;11 月舉行全國大選，由全國國民以無記名方式直接選舉國民大會代表;同年 12 月，中華民國憲法正式生效，中國走上憲政之路。1948 年 1 月，再由人民直接選舉立法委員，由各省議會間接選舉監察委員。1948 年 3 月，行憲國民大會開幕，國民政府宣布將權力移交給民選國民大會;國民大會依照憲法與選舉法選舉產生中華民國總統與副總統，由蔣介石當選中華民國總統。自此，國民黨解決了中華民國第二共和的合

法性問題。但此時的反對黨共產黨已經坐大，最終憑藉其武裝力量打敗了合法的南京政府，建立中華人民共和國，定都北京。

這是中國當代政治史上最值得注意的時刻。南京國民政府在其最終解決合法性問題的同時，發生了急速的崩潰瓦解，喪失了在大陸的政權。國民黨重複了北洋政府的悲劇，但此次的失敗者是自己，贏家則是共產黨。

二、毛澤東時代：政權的合法性危機和不斷革命

1949 年，中共在中國大陸全面建立政權。但這種依靠戰爭和暴力建立的新政權，同樣面臨缺乏合法性基礎的問題。特別是，與歷史上通過革命暴力建立的政權不同，共產黨新政權的經濟制度是以公有制為基礎的計畫經濟。公有制係通過對各類私有產權的剝奪而實現的，因此，其合法性基礎尤其脆弱。以毛澤東為代表的中共核心領導階層，雖未必知曉現代政治學的合法性概念，但並非沒有意識到這個問題的存在。在中國歷史上，每次改朝換代都需要解決類似的問題，而深諳中國歷史的毛澤東更知之甚詳。從 1949 年到 1976 年毛澤東本人逝世，毛並不是不在意發展經濟，但他更在意如何解決合法性危機，其辦法是「不斷革命」。

第一，「不斷革命」的終極目標是實現共產主義。毛澤東早在 1958 年就指出，從社會主義過渡到共產主義，乃至共產主義很多發展階段的過渡，都要通過不斷革命。[3]

---

3 參見李銳：《毛澤東的早年與晚年》，貴州人民出版社，1992 年。

第二，「不斷革命」的對象層出不窮。終毛一生之思想，把階級鬥爭、階級敵人和革命緊緊連在一起，沒有敵人就沒有革命。革命，是代表人民消滅敵人。在中共建政初期，國民黨殘留及其相關支持者自然被視作反革命；到了 1950 年代，革命的對象簡稱為地（主）、富（農）、反（革命）、壞（分子）、右（派）。但自 1964 年的「四清」運動開始，毛澤東不再以「地富反壞右」作為主要敵人，而是盯住了那些所謂變質的黨員幹部。他明確提出：「官僚主義者階級與工人階級和貧下中農是兩個尖銳對立的階級。」[4] 在文化革命中，毛澤東把革命對象直接指向「黨內走資派」，直到他去世前一年都還強調「資產階級就在共產黨內」。僅僅在國內搞階級鬥爭還不夠，毛澤東還需要國際敵人；起初的主要敵人是「美帝國主義」，後來是「蘇修社會帝國主義」。

第三，「不斷革命」的前提是避免喪失政權。因為政權缺乏合法性基礎，毛澤東沒有一天不憂慮政權被推翻或者被篡奪，所以他要求全黨警惕像赫魯雪夫那樣的陰謀家和野心家，防止其篡奪黨和國家的各級領導權。至文化革命前夕，這種驚恐更達到難以想像的地步。1966 年 5 月 18 日，林彪在中央政治局擴大會議上說：「革命的根本問題是政權問題，忘記了政權，腦袋掉了，還不知道怎麼掉的」；「改變政權，大概是這樣，一種是人民革命，從底下鬧起來，造反，如陳勝吳廣、太平天國、我們共產黨，都是這樣。一種是反革命政變。反革命政變，大多數是宮廷政變，內部搞起來的，有的

4 1965 年 1 月 15 日，毛澤東對時任農業機械部部長的陳正人關於社教蹲點情況報告上的批示。

是上下相結合，有的和外國敵人顛覆活動或者武裝進犯相結合，有的和天災相結合，大轟大鬧大亂。歷史上是這樣，現在也是這樣。」「毛主席最近幾個月，特別注意防止反革命政變，採取了很多措施……調兵遣將，防止反革命政變，防止他們占領我們的要害部位、電台、廣播電台。軍隊和公安系統都做了布置……毛主席為了這件事，多少天沒有睡好覺。這是很深刻很嚴重的問題。」[5] 毛澤東對於共產黨失去政權的前景曾做過這樣的描述：「修正主義上台，就是資本主義上台。而且是最壞的資本主義，是法西斯主義。」

第四，「不斷革命」的方式是接連不斷的政治運動。整個毛澤東時代，政治運動一個接著一個，從黨內到黨外，涉及經濟、政治、社會、文化和思想各個領域。其中比較重大的政治運動是土地改革、鎮壓和肅清反革命運動、三反和五反運動、合作化運動、大躍進和人民公社運動、反右運動、四清運動和文化大革命。與此同時，毛澤東在黨內還進行了清除所謂高饒反黨集團、彭德懷反黨集團、劉少奇反黨集團、林彪反黨集團的鬥爭。毛甚至提出：文化革命式的運動，七、八年就要進行一次，而且應該循環往復、永無休止。

第五，「不斷革命」需要接班人。為了使缺乏合法性的共產黨政權繼續下去，毛澤東高度重視接班人的選拔和培養，提出了關於革命接班人的若干標準。但毛澤東不斷否定了自己挑選的接班人，包括寫入中共九大黨章的接班人林彪。值得提及的是，毛澤東的內

5 參見李德、舒雲編著：《林彪日記》，明鏡出版社，2009 年。

中國改革的歧路

心世界是相信「血統論」的，是希望革命元老的子弟成為接班人的。

第六，「不斷革命」依賴個人崇拜。早在延安時期，毛澤東已經著手神化自己。所謂「東方紅太陽升，中國出了個毛澤東，他是人民大救星」，就是一種變相的君權神授。在文化革命中，韋伯所說的個人魅力型的合法性，通過對毛澤東登峰造極的個人崇拜得到了證明。既然毛澤東是神，毛所創建的制度一定是神聖的，必然具有合法性。

第七，「不斷革命」的形式是「群眾運動」。「群眾運動」有表現為經濟上的，例如 1958 年的大躍進。但更多是政治性的，例如文化大革命。為期十年的文化大革命把全民都捲入其中，實現了全民運動和極權主義的最大程度重合。在文化革命期間，「群眾運動」甚至演變為群眾專政。

第八，「不斷革命」導致極權主義的形成和強化。1957 年，共產黨遭遇合法性危機的第一次挑戰；挑戰者來自知識分子，特別是黨外民主勢力。中共以「反右」鬥爭將其「擊退」，至少有五十萬黨內知識分子遭到整肅，致使殘存的自由主義受到摧毀性打擊。由此，共產黨政權完成了向極權主義的過渡，具備了極權國家的基本特徵：毛澤東思想成為唯一的意識型態；共產黨成為唯一的執政黨，並由一位獨裁者領導；該黨全面控制政府體系，包括警察、軍隊、通訊、經濟及教育等部門；整個社會被囚禁在國家機器之中，一切皆從屬於國家；國家和社會的界線被取消，沒有任何東西存在於國家之外；不同聲音受到系統地壓制，人民生活在秘密警察的恐怖控制中；私人空間被壓縮到幾乎不存在，自由被減至最低限度。

文化大革命期間，《人民日報》、《紅旗》雜誌和《解放軍報》編輯部文章提出：馬克思和恩格斯創建了科學社會主義理論；列寧和史達林解決了帝國主義時代無產階級革命問題；毛澤東的繼續革命則解決了無產階級專政下，防止資本主義復辟的理論和實踐問題。[6] 但是，不斷革命不僅沒有解決、反而加劇了共產黨政權的合法性危機。我們可以將毛澤東在 1966 年發動的文化大革命解讀成：雖然共產黨政權僅僅建立十七年，但一黨專制導致社會矛盾積聚到相當程度，遂使毛澤東企望通過文化革命，賦予民眾所謂「大鳴、大放、大字報、大辯論」的權力，以緩和政權的合法性危機。但文化大革命遭到黨內既得利益集團的抵制，後來更喪失了社會各階層的支持，致使社會分裂、失序、國民經濟停滯，以失敗告終。

毛澤東在他的最後歲月裡，不得不面對權力的來源問題。他說：「我們的權力是誰給的？是工人階級給的，是貧下中農給的，是占人口 90% 以上的廣大勞動群眾給的。我們代表了無產階級，代表了人民群眾，打倒了人民的敵人，人民就擁護我們。共產黨基本的一條，就是直接依靠廣大革命人民群眾。」[7] 但是，儘管毛澤東承認權力的基礎是人民，他卻不可能真正還權於民，這是因為「繼續革命」是排斥民主的。在延安時期，毛澤東曾經肯定過民主的意義：

---

6 《人民日報》、《紅旗》雜誌、《解放軍報》編輯部，〈沿著十月社會主義革命開闢的道路前進：紀念偉大的十月社會主義革命 50 周年〉，1967 年 11 月 6 日。

7 這段講話首見於 1968 年 10 月 14 日《紅旗》雜誌社論：〈吸收無產階級的新鮮血液——整黨工作中的一個問題〉，收入《建國以來毛澤東文稿》第十二冊，中央文獻出版社，1997 年，頁 581。

「我們已找到了新路，這就是民主。只有讓人民來監督政府，政府才不敢鬆懈。只有人人起來負責，才不會人亡政息。」[8] 毛獲得全國政權後，背棄了關於民主的承諾。這只能有兩種解釋：或者以前毛澤東說的是假話，或者他執政之後不再相信民主對中國的意義。這既是他的悲劇，也是民族的悲劇。

1971 年的林彪事件和 1976 年的「四五」運動，標誌著毛澤東「繼續革命」的理論和實踐的雙重失敗，並使中共政權的合法性基礎發生了根本動搖。毛澤東生前對各種可能的政變深加防範，不料毛身後屍骨未寒，他所指定的接班人華國鋒和鄧小平的支持者發動了中國式的、中國共產黨式的政變，逮捕了他的妻子江青等四人。此事件被中共正史稱為「粉碎四人幫」，實在是歷史對毛的一種嘲弄。

三、1978-79 年：
　鄧小平的改革承諾和重建政權合法性的努力

毛澤東至死沒有解決中共政權的合法性問題，也無法解決中共內部權力轉移的合法性問題。在毛澤東逝世的時刻，人民已喪失

---

8 黃大能記錄其父黃炎培與毛澤東之間關於〈週期率〉的對話。黃炎培在肯定了邊區的成就之後說：「我生六十多年，耳聞的不說，所親眼看到的，真所謂『其興也勃焉』、『其亡也忽焉』，一人，一家，一團體，一地方，乃至一國，都沒有跳出這週期率的支配。」他希望中共找出一條新路，跳出這週期率的支配。之後，毛澤東就說了這番話。見 2004 年 12 月 28 日《光明網》。

了對這個政權的信心。正是在這樣的歷史背景下，鄧小平在元老派的支持下，獲得了中國的最高權力，因為在當時只有鄧有能力緩解合法性危機。鄧小平在 1975 年的復出和再次失勢，為他培育了一定的民意基礎。1977 年 7 月，他出現在北京工人體育場舉行的北京國際足球友好邀請賽決賽，獲得了全場八萬觀眾長時間的熱烈鼓掌。但他知道這樣的民意基礎是不夠的。於是，他從 1977 年復出到 1979 年取得最高權力，針對毛澤東的四個負面遺產，即革命、極權主義、封閉、貧窮，反其道而行之，承諾一個與毛時代截然不同的前景。鄧小平的四個承諾是：

第一，承諾以「改革」替代「革命」。毛澤東天天講革命，一個文化革命進行了十年，人民已徹底厭倦了革命。如果繼續革命，共產黨的合法性危機不但無法緩解，只會日益嚴重。因此，鄧小平決定放棄毛澤東的「繼續革命」，並以「改革」取而代之。當然，鄧小平需要解釋他的改革和經典革命的邏輯關係。他提出：「改革是中國的第二次革命。」[9] 對於鄧小平廢棄革命，民眾擁護，知識分子讚賞。十餘年後，李澤厚和劉再復發表了非常具代表性的「告別革命」對話：我們決心告別革命，既告別來自「左」的革命，也告別來自「右」的革命。李澤厚他們還補充道：「我們只是『告別』革命，並不是簡單的反對或者否定過去的革命。」[10]

---

9 〈改革是中國的第二次革命〉（1985 年 3 月 28 日），《鄧小平文選》第三卷，頁 113。
10 李澤厚、劉再復：《告別革命：回望二十世紀中國》，香港天地圖書有限公司，1997 年，頁 4、361。

第二，承諾以「民主法制」替代「極權主義」。毛時代的極權主義統治具有空前的強度、瀰漫性和滲透性，對人的非政治生活無孔不入；中國歷史上的任何專制制度與之比較，都會顯得天真無邪。對此，鄧小平承諾徹底結束「階級鬥爭」，保障民主選舉、民主管理和民主監督，實現民主制度化、法律之前人人平等和司法獨立。因為，沒有民主就沒有社會主義，就沒有社會主義的現代化。[11]對於飽受日常非政治生活都遭到長期控制、連「消極自由」都沒有的人民來說，這樣的承諾如同一種真正的「解放」。

第三，承諾以「開放」替代「封閉」。毛時代實施閉關鎖國，使中國處於政治、經濟和思想的封閉狀態。對此，鄧小平承諾變對外封閉為對外開放，因為「現在的世界是開放的世界」，「現在任何國家要發達起來，閉關自守都不可能。」[12]雖然鄧小平最初所承諾的開放範圍主要限定於發達國家的先進經驗、先進科技和資本，但人民畢竟可以從此了解一個真實的外部世界。

第四，承諾以富裕替代貧窮。毛澤東希望超英趕美，使中國快速工業化。為此，他領導了大躍進、人民公社運動，導致數千萬人餓死的大饑荒。即使按照中國官方對貧困的定義，毛澤東都使很大

11 鄧小平（1978）：〈解放思想、實事求是，團結一致向前看〉；鄧小平（1979）：〈堅持四項基本原則〉，《鄧小平文選》（1975-1982年），人民出版社，1983年，頁134、136、140-153、158-184。

12 鄧小平（1984）：〈建設有中國特色的社會主義〉，〈在中央顧問委員會第三次會議上的講話〉，《鄧小平文選》第三卷，頁64、90。另外，在鄧小平（1984）〈我們的宏偉目標和根本政策〉中，他說：「在經濟問題上，我是個外行，也講了一些話，都是從政治角度講的。比如說，中國的經濟開放政策，也是我提出來的。

部分的中國民眾處於貧困和不能滿足溫飽的狀態。對此，鄧小平承諾通過實現「四個現代化」，保證在 20 世紀末「達到小康社會水準」。在當時情況下，任何發展經濟和改善人民生活的選擇，都會得到民眾的擁護。

毛澤東的「繼續革命」和鄧小平的「改革」，有三個顯著差別：其一，革命是強制性的，民眾沒有討價還價的餘地，但改革沒有恐怖和強制。其二，革命的成本過高，需要國家的財力支援，還要付出生命的代價，而改革幾乎是在零成本的情況下開始。其三，革命排斥物質享受，而改革意味著物質生活的改善。總之，在文化革命結束不久的 1970 年代末期的中國，民眾處於很容易被滿足的歷史時期。僅僅這三個差別，已足以迎合長期處於極權政治壓抑和物質生活困苦的民眾的「求變」心理，喚起他們對共產黨的新希望，削弱共產黨和民眾的對立。鄧小平執政後，在統治者和被統治者（即共產黨和民眾）之間形成了一種沒有文本的社會契約。廣大民眾產生了這樣的預期：改革等於告別貧窮和專制，得到富裕和自由。

然而，鄧小平從改革一開始就明白：所有的承諾和契約都是有底線的。改革僅僅是告別毛澤東、結束革命，但絕不可以徹底否定毛澤東，甚至不能徹底否定鄧本人深受其害的文化大革命。邏輯是簡單的：鄧小平是毛澤東革命事業的重要參與者，如若否定毛澤東，否定建國以來的所有政治運動，必將導致否定他所參與建立的現存政治制度，甚至導致中共政權合法性危機的爆發。所以，鄧小平從一開始就陷入了兩難局面。一方面，他訴諸實用主義，在經濟上結束計畫經濟，引入市場經濟機制，容忍資本主義；另一方面，

在政治上保留極權主義結構，繼續共產黨的一黨專政。在中國啟動改革的同時，鄧小平正式提出影響中國後來三十年歷史進程的「四項基本原則」：堅持社會主義道路；堅持無產階級專政；堅持中國共產黨的領導；堅持馬列主義、毛澤東思想。[13] 四項基本原則的核心是共產黨的領導。沒有共產黨政權，其他三項基本原則將無從談起。

此外，鄧小平復出和獲得最高權力，始終存在程序不合法的問題。他既沒有當過總書記，也沒有當過政府首腦，在「名不正言不順」的情況下，卻成為黨和國家的實際最高決策人。這在中國政治史上，在中共史上，是從未有過的現象。後來的歷史證明，正是鄧小平自身的合法性問題，不僅造成了 1989 年的歷史性悲劇，而且確認了上一代控制下一代的權力移交的不良慣例。

四、1980 年代：
胡耀邦、趙紫陽不同於鄧小平的改革

1978 年，在中國開始經濟改革的時候，並不存在成熟的預先設計。鄧小平說的「摸著石頭過河」，是中國改革初期的真實歷史。後來，鄧小平被譽為「改革設計師」實屬一種政治諂媚。1980 年代改革的主持者是胡耀邦和趙紫陽。如果說，因為沒有改革設計和方案而只能「摸著石頭過河」，那麼，是胡耀邦和趙紫陽身先士卒，

---

13 鄧小平在 1979 年 3 月 30 日的理論務虛會上正式提出「四項基本原則」。

勘測河面的寬度和深度，設法找到連接到彼岸的石頭。胡趙之間存在差異，但他們都意識到共產黨政權合法性危機的嚴重程度；在改革的基本目標和主要政策方面，他們的共同之處遠大於差異。隨著胡趙主持的經濟改革和政治改革的展開和深入，他們逐漸碰觸到了鄧小平確立的改革「邊界線」。於是，共產黨的元老派及其支持者開始集結，形成了一股阻止改革的政治力量。鄧小平曾經傾向於改革派，但最終倒向保守派。在 1980 年代，胡耀邦和趙紫陽代表的改革派和元老派保守勢力的根本分歧表現在：

第一，是否打破僵化的意識型態？胡耀邦選擇的是「人道社會主義」，追求共產黨的純潔化，實踐民主革命時期的民主承諾。他甚至傾向於社會民主黨模式，建立包含社會主義元素的社會民主主義。胡耀邦大規模平反歷次政治運動中的冤假錯案，並在 1983 年和趙紫陽聯手，引導全黨關注和討論正在興起的「世界新技術革命」，批評「愚昧」狀態，成功地反擊了「反精神污染運動」。[14]對此，鄧小平本人一直耿耿於懷。[15]

第二，是否將國有資產和集體資產回歸人民？社會主義公有制不僅是對所謂地主和資本家的剝奪，也是對勞動人民的剝奪。農村集體經濟就是以剝奪土改後的農民土地為基礎的。因此，開始於農

---

14 柳紅：〈常識戰勝愚昧〉，《經濟觀察報》，2009 年 9 月 4 日。

15 直到 1986 年 12 月 30 日，在反對資產階級自由化運動時期，鄧小平還重提三年前流產了的反精神污染運動。他說：「反對精神污染的觀點，我至今沒有放棄，我同意將我當時在二中全會上講的全文收入我的論文集。」參見鄧小平（1986）：〈旗幟鮮明的反對資產階級自由化〉，《鄧小平文選》第三卷，人民出版社，1993 年，頁 196。

村的改革，首先表現為農民要求歸還被剝奪的土地使用權。安徽鳳陽小崗村的農民，冒著身家性命的風險，創立「家庭聯產承包制」，這是農民自發和自主的「土地改革」，通過農民自己重新掌握土地使用權，使得集體經濟對土地的所有權「名存實亡」，這無疑是翻天覆地的事情。之後，自下而上的農村改革席捲全國，最終導致了人民公社制度的瓦解。與此同時，在城市開始了擴大國營企業經營管理自主權的改革，在人、財、物、產、供、銷方面放權讓利，讓職工參與管理，一度實現了企業自治。進而在一些國營企業進行股份改革，使職工成為事實上的所有者。在社隊企業乃至後來的鄉鎮企業，工人的權利也得到一定程度的回歸。1980 年代是一個市場經濟初步發育、國有經濟鬆動、壟斷尚未形成的時期。個體戶一度得以蓬勃發展，如果歷史能夠給個體戶較長時間，他們很可能完成原始資本積累。由此所形成的真正民營經濟，就不會是後來大量以原罪方式出現的虛假民營經濟。

第三，是否建立有限政府，限制政府權力？「黨政分開」和「政企分開」是 1980 年代改革的重要舉措。「黨政分開」是在承認一黨專政的前提下，讓共產黨退出政府，既抑制共產黨的權力，也避免政府權力的絕對化。「政企分開」則是在不改變所有制結構的前提下，政府從企業活動中退出，實現企業自主權。加之人民公社制度的瓦解，政府直接掌握的經濟實體範圍急遽減少，政府財政收入占 GDP 比例也相應下降。1978 年改革開始時，財政收入約占 GDP 的 31%，至 1989 年代末下降到 15 ％。政府所掌握的資源減少，全社會的經濟效益普遍提高。由此形成了朝向「有限政府」或既小又

好的政府發展的趨勢。

第四，是否啟動以民主和法制為核心內容的政治改革？鄧小平也講過政治改革，並在公開場合承諾中國要「在政治上創造比資本主義國家更高更切實的民主」。[16] 但是，鄧小平的政治改革和胡耀邦、趙紫陽的政治改革，在內容與目標上有根本性的差別。鄧小平的政治改革是在保持共產黨絕對領導地位不變的情況下，革除體制內的弊端，提高政府效率。鄧的內心世界從來拒絕現代政治意義上的民主，否定民主國家的「三權分立」，堅持政治改革不可觸動「四項基本原則」。而胡耀邦和趙紫陽所主張的政治改革，則是以在中國建立現代民主制度為目標，還權於民，讓人民和人民的代表通過民主選舉的方式參與國家政權的管理，以維護自己的基本利益。從 1979 年至 1989 年，胡耀邦的政治改革重點是否定文化大革命和歷次政治運動，平反冤假錯案，重建民主和法制。從 1987 年年初至 1989 年春天，趙紫陽獲得主持政治改革的機會。鄧小平容許趙成立政治改革研究機構和擬定政治改革方案，但這並不表示鄧開始支持民主化改革。這個時期的趙紫陽全面關注民主化問題，他的談話涉及到如何解決社會主義民主不如資本主義民主，如何改變選舉制度等相關問題。[17] 趙紫陽還提出一系列加快政治改革的措施：黨

---

16 鄧小平（1980）：〈黨和國家領導制度的改革〉，《鄧小平文選》第二卷，人民出版社，1994 年，頁 322。

17 1986 年，趙紫陽在政治體制改革小組的會議上說：我們真民主搞得很假，人家假民主搞得很真。假民主搞得很民主，真民主搞得不民主。社會主義國家的人民感到不如資本主義民主，這終究是一個我們要回答的問題，一百年也要回答。趙紫陽還對政治體制改革小組的成員講，「我們的選舉制度一定要改革。一下子搞得那麼民主不太可能，因為文化、交通等條件的限制。」但是，「一定要服從選舉結果，服從選舉人意志。」趙紫陽對人民代表大會只起到橡皮圖章的作用是持批判態度的（吳國光：〈趙紫陽一貫主張推進民主化〉）。

的領導局限為「政治領導」，摒棄「組織領導」和「思想領導」；建立政務類和業務類分離的公務員制度；取消對文化作品的審查制度，發揮新聞媒體的監督作用；取消黨對司法的直接干預；開展社會協商對話，協調社會矛盾和社會團體之間的關係[18]。其終極目標就是實現憲政民主。

在這裡，需要糾正一種頗有影響力的誤解：十三大前後的「新權威主義」思潮是為了幫助趙紫陽成為政治「強人」，使趙能在中國複製「政治硬、經濟軟」和「政治集權、經濟放權」的新加坡模式。這不是事實。如果如此，趙紫陽就不會在 1989 年的民主運動中，做出站在人民一邊的選擇。趙紫陽在六四事件之後，更明確地肯定議會民主制度，這正是他長期思考的結果。[19] 相反，是鄧小平贊同在共產黨一黨專政之下實行「新權威主義」，在中國建立威權主義體制[20]

---

18 高伐林整理：〈趙紫陽關於政治改革有哪些思路和措施〉，明鏡新聞網，2012 年 12 月 8 日。

19 趙紫陽說：「1989 年我下台以後，隨著國際國內形勢的變化，我對中國政治體制改革有了一些新的認識。過去對西方發達國家所實行的議會民主制，認為不是人民當家作主。蘇聯式的、社會主義國家所實行的代表大會制度，才能體現人民當家作主；這是比西方議會制更高級的、更能體現民主的形式。事實上不是這麼一回事。我們社會主義國家所實行的民主制度，完全流於形式，不是人民當家作主，而是少數人、甚至是個人的統治。」「20 世紀出現的，在幾十年時間裡與西方議會制度相對立的所謂新興的民主制度——無產階級專政制度，在大多數國家已經退出了歷史舞台。倒是西方的議會民主制顯示了它的生命力。看來這種制度是現在能夠找到的比較好的、能夠體現民主、符合現代要求而又比較成熟的制度。現在還找不到比它更好的制度。」《國家的囚徒：趙紫陽的秘密錄音》，時報出版社，2009 年。

20 蕭功秦：「1980 年代後期，趙紫陽曾經和鄧小平介紹過新權威主義，說知識分子中有一個新權威主義的思潮，它的主要觀點是，在經濟發展初期階段不能立即實行民主，先需要經過一個權力集中階段，通過經濟發展，民主才能實現。鄧小平對此的反應是，他說自己就是新權威主義，不過，這個詞不好，可以換另一個詞。」引自胡立：〈中國的特殊威權政治〉，《外參》總第 31 期，2012 年 11 月。

從不斷革命到持續改革：中共應對政權「合法性危機」的模式

胡耀邦和趙紫陽主導的 1980 年代的改革，是自下而上和自上而下相結合的改革，試圖在解構公有制、計畫經濟制度和極權主義政治體系的過程中，將國有資產和集體資產回歸人民，並還權於民。這幾乎是在沒有任何人受損的情況下有人受益的一種社會變革，一種所謂的「帕累托改善」[21]。因而，共產黨政權的合法性問題得到了顯著改善。但是，胡耀邦，特別是趙紫陽的經濟和政治改革最終仍然不可避免地與「四項基本原則」發生衝突，擴大與保守派的分歧，使黨內守舊勢力日益感到不安、威脅和危險。對後者來說，改革不過是在社會主義制度框架下對人民的一種讓步，其根本目的是加強共產黨的統治。1983 年，黨內保守派發動「反精神污染運動」，但並沒有達到他們的預期。三年之後的 1986 年，他們再次發動「反對資產階級自由化運動」，導致了胡耀邦總書記遭到罷黜，被逐出權力核心。這是共產黨自改革以來合法性危機惡化的轉捩點。再過三年，以 1989 年六四事件為藉口，黨內保守勢力和鄧小平達成了一致，徹底停止了趙紫陽的政治體制改革。趙紫陽不僅被罷免共產黨總書記的職務，而且被軟禁十六年，至死是國家的囚徒。

　　1989 年的六四事件是中國改革歷史的分水嶺。1980 年代以「藏富於民」的經濟改革和「還權於民」的政治改革為基本特徵的改革，因六四事件而被強行中斷。但是，胡耀邦和趙紫陽為中國未來的選

---

21 如果從一種狀態到另一種狀態的變化中，在沒有使任何人境況變壞的前提下，使得至少一個人變得更好，這就是帕累托改善。

擇留下了寶貴遺產，卻隨著歷史的推移愈發珍貴。

五、1989-2012 年：
改革的歧途

　　毛澤東時代以毛指定的接班人華國鋒下台而告結束。在選擇接班人方面，鄧小平勝過毛澤東，他選擇了以江澤民和胡錦濤為代表的兩代接班人。中國在毛之後並沒有出現後毛時代，但在鄧之後卻有一個後鄧時代。鄧時代加上後鄧時代，在時間長度上超過了毛時代。後鄧小平時代，係以 1989 年六四事件和鄧辭去中央軍委主席為起點。它並沒有因為鄧小平在 1997 年過世而中斷，終結於 2012 年的十八大召開。

　　1989 年天安門事件的處理，完全背離了民主與法治的準則，使共產黨政權再次陷入嚴重的合法性危機。對此，鄧小平所做的選擇是：一方面，廢止以民主和法治為目標的政治改革，和自由派徹底決裂；[22] 另一方面，反對回到毛時代，叫停「反和平演變」運動，和左派劃清界線。[23] 當然，鄧小平明白憑藉口號和意識型態已無法

---

22 停止了十三大開始的「黨內差額選舉」、「取消政法委」和「取消部黨組」等初始的政治改革措施。

23 所謂「和平演變」是西方國家在第二次世界大戰後提出的通過政治、經濟、文化思想上的滲透，以和平融化的方式改變社會主義國家的性質。毛澤東時代用「反和平演變」作為因應對策。1980 年代，「反和平演變」的思想和措施被淡化。但是，六四後，國際共產陣營崩潰，蘇聯解體。中共黨內保守勢力抬頭，打算用反和平演變取代改革開放。曾擔任中國國家主席、全國政協主席的中共元老李先念與江澤民的九次通信中，有六次強調「反和平演變」。

化解深刻的社會矛盾，故轉而訴諸發展經濟。1992 年鄧小平南巡，提出「發展才是硬道理」的口號，企望通過經濟繁榮的「政績」，讓民眾和精英的主要精力從政治轉移到商業和財富。因為這一選擇，在過去二十年間，「改革」走上了與 1980 年代近乎背道而馳的道路，制度轉型步入歧路，且越走越遠。這主要表現在如下若干方面：

　　第一，政治制度實現極權主義、集權主義和威權主義一體化。其一，復活極權主義，採用了資訊革命之後的一系列新技術控制輿論和民眾思想，強化共產黨對媒體的控制，以防範民主、自由和人權等普世價值對人民的影響。同時，剝奪人民僅有政治權力，即使基層人大選舉都要嚴加控制。其二，復辟集權主義，中央政府實現了財富的高度集中，加強了中央政府對地方的控制能力。其三，嵌入威權主義，以殘餘的共產主義革命體制為基礎，全方位地加強國家機器，致力經濟增長，力求在中國複製新加坡模式。不僅如此，這種嵌入中國的威權主義，被改造為財富掠奪型的威權，讓少數人獲得絕對大量的財富。這是一種劣質的、退化的威權政治，最壞的威權主義。有人以為鄧小平的「新權威主義」是「具有現代化導向的開明專制」，這完全錯了。「新權威主義」不過是鄧小平政權模式的一種元素而已，也不必然具有政治現代化的導向。[24] 對於共產黨的領導，鄧小平從來是不容許挑戰的。在這點上，鄧至死也沒有任何開明跡象。上述極權主義、集權主義和威權主義一體化的政治

---

[24] 蕭功秦認為鄧小平走的新權威主義道路，是具有現代化導向的開明專制。胡立：〈中國的特殊威權政治〉，《外參》總第 31 期，2012 年 11 月。

模式，大體在 1990 年代中期正式成形，幫助鄧小平實現了「穩定壓倒一切」的目標。[25]

第二，政府經濟權力的無限化。1989 年六四事件之後，中共重新建立對各級政府的直接控制，再次「黨政不分」和「政企不分」，這是大政府和無限政府的基礎。政府在經濟領域的無限權力，包括有形和無形兩大類。其有形權力就是政府成為全社會資本的最大所有者，集貨幣、資本、稅收和資源於一身。改革回歸貨幣化，重建貨幣經濟，政府享受鑄幣權；政府控制從土地到黃金、石油和煤炭的全部資源；從中央到地方，政企不分全面回潮，政府權力收緊，企業自主權全面倒退，國企退化為政府附庸。1994-95 年實現分稅制，使政府財政收入不斷膨脹。到了 2011 年，政府財政收入占 GDP 的比重，已經重新回到計畫經濟時代的比重。

此外，政府還有無形的、完全沒有本錢的資產，那就是政策、文件和批文。相當多的政策、文件和批文都有極大的「含金量」。給一個政策，下達一個文件，發一個批文，就是給特權和給錢。政策、文件和批文，構成了權錢交易的主要仲介。政府還可以通過調整宏觀經濟政策，即貨幣政策和財政政策，影響微觀經濟行為。這包括扶植央企、國企、既得利益集團，同時擠壓個體、民企和普通民眾的財富空間，使財富流向特定的政策受益者。

在過去二十年間，中國形成了比「計畫經濟」制度下還要強大

---

[25] 在天安門事件之前的 1989 年 2 月，鄧小平在會見美國總統布希時說過：「中國的問題，壓倒一切的是需要穩定。沒有穩定的環境，什麼都搞不成，已經取得的成績也會失掉。」

的政府力量。政府集投資主體、存款主體和消費主體於一身,是市場的最終買主和賣主。人們都在談論中國的消費不足,但往往忽視了政府消費、公權力消費的不斷擴張。維穩費就是一種公消費。政府經濟權力急遽擴張,在經濟中扮演的角色愈來愈大,控制包括資本在內的生產要素的分配,從礦產資源開發到基礎設施建設項目,等等。大政府模式和凱因斯模式相結合,市場化不但沒有實現,反與市場經濟漸行漸遠。由原國家計畫委員會、國家經濟體制改革委員會合併而成的國家發展和改革委員會的權力範圍包括了經濟體制選擇、配套政策,以及發展規畫和資源資本分配,是代表政府的「巨無霸」機構。

第三,私有財產權的空洞化和財富泡沫化。有這樣的看法:現在中國人都是有財產的,農民有承包的土地,城市居民有房產;公民的財產權結合在一起,就是社會資本,就是公有制的多種實現方式之一。但這是經不起推敲的說法。其一,農民和農村。1980年代,政府把農民的土地和其他生產資料回歸農民,讓農民成為土地事實上的主人。但過去二十年間,城鎮化和房地產業相結合;在全國的「圈地」和「滅村」運動中,農民的土地被以各種名義徵用,由於其補償費用過低,實在與剝奪沒有本質的不同。越來越多的農民工在農村的「根」被連根拔起,但在城鎮又不能扎根。城市化就是農民的集體土地被國家徵收的過程,是國家侵蝕集體和農民承包土地的過程。其二,工人和企業。在1990年代,大量中小國有企業被不公正地私有化,企業職工被買斷,四千萬工人下崗,這是極為殘酷的歷史。如果中國有真正維護工人權益的工會,絕不可能邁

過這道門檻。其三,城鎮居民和房地產。城鎮居民所擁有的不動產僅僅是建築物,沒有土地所有權的支撐,因為國家擁有最終的土地所有權。加之房地產泡沫化的危險,建築物折舊的規律,城市居民的房產並非是他們可以放心依賴的資產。其四,民眾的有價證券。在過去二十年間,股市吸引了數億股民,一度出現群體排隊買股票的風潮,被形容為全民炒股運動。但中國的股市不是真正的市場,絕大多數股民血本無歸,有政府背景的權貴階層則從中獲得了龐大利益。其五,民眾的銀行存款因為通貨膨脹率高於利息率,唯一具有自由流動性的財產,不在增加,而在減少。不要說人民的社會主義,就連「人民資本主義」也都是空想。[26] 此外,中國已是一個國民財富泡沫化的國度,老百姓是最大的被犧牲群體。

第四,公有制經濟的虛擬化。中國在計畫經濟時代,只有公有制經濟(包括國有經濟和集體經濟)而沒有私有制經濟。1980 年代,在開發民營和私有制經濟的同時,也曾努力提高公有制經濟的效率。鄉鎮企業所代表的集體經濟的發展,就是一種範例。1990 年代之後,鄧小平並不關心所有制,在他看來,公有制和私有經濟的差別就只是白貓和黑貓的差別,唯有經濟增長最重要。其結果是公有制經濟的空虛化。其一,農業、工業、服務業和金融業的集體經濟相繼萎縮,剩下的公有制經濟主要體現為國有經濟。其二,數

---

26 證監會主席郭樹清不得不承認:「(中國股市)把投資者當傻瓜來圈錢……每年有兩三百萬的新股民進入市場,同時也有數以百萬計的投資者損失慘重,因而決定退出市場或不再交易。」2012 年 5 月 8 日, http://news.sina.com.cn/c/2012-05-08/080424382986.shtml。

以萬計的中小國有企業私有化，國民原本擁有的所有權自然消失。其三，存留下來的大型國有企業，不論是央企還是地方國企，大都股份化。其中的國有股份本來就是全民股份，政府應該行使監督權，但因為沒有法律和政治制度的保障，即使「國資委」這樣的機構也不可避免的官僚化。政府的行政權和國有企業的經營管理層相結合，導致為數可觀的官員和國企管理層通過多種手段侵蝕和占有本屬於全民的權益。

第五，企業所有制結構單一化。在 1980 年代的改革中，大體形成了包括國有企業、集體企業、民營企業和外資企業的新型企業結構。但 1990 年代之後，政府通過特殊政策、貸款優惠、補貼，或其他特權等手段，全力扶植國有企業，拓展國有企業的邊界和空間，由此實現生產和資本的高度集中。國有企業不僅實現了對第二產業的高度壟斷，而且擴展到第三產業，並滲透到第一產業之中。與此同時，通過金融歧視等手段，不斷擠壓各種類型的民營經濟，特別是個體經濟的空間。存活下來的大多數民營企業，只有依存於國有企業方可生存發展。絕大多數民營資本的背後不是有官股的參與，就是有國家資本的支持。三一重工是民營企業的代表，該企業董事長的公開說法是：他的生命和資產都是黨的。[27] 這樣匪夷所思的說法，是中國產權制度畸形化的一種極端反映。從全國範圍看，1980 年代興起的個體經濟，已被壓縮到極小的產業和區域空間之中。中共十七大報告提出的「堅持平等保護物權，形成各種所有制

27 梁穩根：〈把三一交給黨我非常高興〉，《中國經濟週刊》，2012 年 11 月 27 日。

中國改革的歧路

經濟平等競爭，相互促進的新格局」，其實是無法落實的空話。關於發展民營經濟的「三十六條」，如果沒有制度上的保證，也不過是一紙條文而已。特別值得注意的是，外資企業的優勢也急遽喪失，其生存和經營環境逐漸惡化。如果外資企業的規模不夠大，不屬於跨國公司，或者沒有強有力的國內合作者，就很可能被擠出市場，甚至破產。中國合理界定國有經濟邊界的時機已經失去。

第六，市場主體寡頭化。1980 年代可能發育茁壯的自由競爭市場經濟遭到扼殺，市場機制和市場秩序全面變異。其一，政府封閉非國有企業進入國民經濟主要產業部門的通道，把所有潛在的市場競爭力量都阻絕在外。其二，在政府的直接參與下，金融、能源和通信行業的國有企業避免了自由競爭階段，躍過壟斷競爭階段，直接實現了行業性的寡頭壟斷，進而加速形成跨行業的寡頭聯盟。加入寡頭聯盟的國有企業，在控制市場份額的同時，能夠自行控制價格和生產的決策，而無需受到任何競爭力量的影響。這種情況甚至延伸到教育和醫療領域的價格體系。在這種寡頭經濟的背後，不論是上市還是沒有上市的大型企業或企業集團，政府都是最大的股東和老闆，也是最終的賣主和買主。這種情況是世界經濟史上所罕見的：政府積極參與壟斷和寡頭的經濟體系，排除競爭者，使其控制的企業擁有絕對的定價權，甚至實行差別價格以賺取最大的超額利潤。這是一種「強迫型壟斷」，即經濟學所說的那種通過「強迫力量達成的壟斷」。中國的股票市場就是強迫型壟斷市場，因為定價權被寡頭操作，其背後有著不同形式的政府力量滲透。至於土地、資本利息、能源、人民幣價格等，皆無例外。「強迫型壟斷」

市場還可以借助政治元素得以擴張，例如：因為政治原因，Google
（谷歌）撤離中國市場，等於政府幫助百度（Baidu）封殺了最大
的競爭對手。在過去二十年中，難以建立市場經濟的主因早已和傳
統的「計畫經濟」無關，也不是簡單的行政擴張，而是國有壟斷資
本主義所致。同樣一種現象，例如人們常說的價格信號扭曲，需要
據此給予完全不同的解釋。2008 年公布的《中華人民共和國反壟
斷法》對壟斷做了相當細緻的分類和規範，明確反對排除、限制競
爭或者可能排除、限制競爭的壟斷行為。但冰凍三尺非一日之寒，
中國要結束寡頭壟斷絕非易事。

　　第七，錢權結合的制度化、家族化和「門閥化」。如今，中國
的既得利益集團已生根立足，縱向從中央到地方，從上層到基層；
橫向則蔓延到經濟、法律、教育、醫療、文化、媒體等各個領域。
其中，政府本身和國有企業正在異化為獨立的新興利益實體，集中
反映在電力、通訊、金融行業。值得注意的是，所謂的「新中產階
級」以及政治、商業和學術方面的「精英」，在很大程度上屬於或
依附於各利益集團。此外，在錢權結合的過程中，權力和資本的運
作呈現出強烈的私人網絡化和家族化傾向，凝聚成相當穩定的官僚
利益、商業利益和家族利益格局。其中的家族化利益集團具有魏晉
南北朝時期「門閥制度」的基本特徵，形成了新型的以血緣關係為
基礎的「世家大族」和「勢家」聯盟。在社會中甚至精英中間，也
已出現了「士庶界限」。這樣的新「門閥制度」正在進一步地窒息
社會的平等機會，並帶來幾乎全面性的腐敗現象。

　　對中國過去二十年的制度轉型，可做出如下概括：在政治制度

方面，完成了極權主義、集權主義和威權主義的結合。其主要前提就是維繫共產黨的一黨專政。但這個共產黨已經不再是無產階級、勞動人民的政黨，而是有產階級的政黨。為了解決共產黨名實不符的困境，江澤民提出「三個代表」理論，但終究無法被認可。極權主義、集權主義和威權主義的「三位一體」結構，必然壓縮和撕裂社會的自由空間，不僅不會產生現代民主政治轉變的內因，相反的，會強化遠離民主化的力量。在經濟方面，與典型的資本主義制度比較，中國的壟斷直接發源於國有經濟而不是私有經濟，發育於計畫經濟向市場經濟的轉型過程，而不是成熟自由市場經濟。不受制衡的政府不但沒有承擔反對壟斷的角色，反而參與壟斷的形成和發展，成為壟斷體系膨脹的合作者甚至支配者。在這種國家壟斷資本主義下，勢必不可能公正解決經濟增長的分配問題；掌握分配權力而又不受制衡的政府不僅自身成為最大的收益者，且讓跟政府有利益關係的少數人占有社會財富的絕大部分；占人口絕大比例的民眾則只能獲得收益極小的部分，於是形成當今世界最為嚴重的貧富不均。今日中國的政治和經濟制度，與史達林和毛澤東的極權主義有很大的不同，因為後者並沒有形成家族利益集團；與南美和東南亞的威權政治歷史比較，中國則斷然拒絕了哪怕是形式上的代議民主。這是一個關閉了民主和自由市場經濟任何通道的中國模式。

在過去二十餘年間，官方一直沒有放棄「改革」的口號，一切行為都賦予「改革」的名義，正如同毛時代一切都以「革命」作為名義。但 1980 年代的改革是還權於民、藏富於民的；而 1990 年代

之後的改革則是對 1980 年代歸還人民的資產和政治權力的再剝奪。GDP 增長並沒有惠及大多數中國民眾，其收益大部分落入了政府和相關企業、個人，而不是普通民眾。有學者說：「改革曾經是反對專政左派的利器，現在卻成為專政右派攫取暴利的工具。」[28] 指出 1990 年代之後的改革實屬壟斷集團「攫取暴利的工具」相當到位。即使說過去二十年的改革是對 1980 年代改革的一種反動，也是不過分的。

必須指出的是，在這個歷史時期，某些主流經濟學家、政治學家和人文學者，以「公共知識分子」自居，雖然擁有道德批判話語權，但是，不但沒有發揮傳播現代文明和憲政民主價值的功能，更沒有勇氣參與民間的各種維權運動，反而通過不觸及現行體制本質的所謂批判誤導人們的思想，賺取輿論支持，成為現行制度的「幫閒」和辯護者，甚至成為現行體制、資本和權貴勢力和既得利益集團的成員。他們對中國改革步入歧路有著不可推卸的歷史的和道義的責任。

六、2008 北京奧運會：
從「盛世」到合法性危機全面深化的拐點

2008 年北京舉辦奧運會，舉國上下紀念改革開放三十週年，中國崛起、中國模式、盛世之說不絕於耳。從鄧小平 1992 年南巡

28 陳子明：〈憲政旗幟下的左右翼聯合陣線〉，《共識網》，2010 年 10 月 20 日。

到京奧的十六年間，中國實踐了鄧小平的「發展才是硬道理」，成為僅次於美國的第二大經濟體。持續的經濟高增長，緩和了因1989年六四事件所惡化的政權合法性危機。對於這種現象，有學者稱之為「政績合法性」或「實效合法性」。[29] 但是，政治發展史一再證明，政績不可能從根本上解決政權的合法性問題。如果一個政權在意識型態與政權合法性上有根本缺陷，則不論怎樣的政績都不可能改變和彌補這個不合法的本質。美國政治學者、中國問題專家白魯洵說過：「沒有一個政權會愚蠢到把成功的政策作為其統治的合法性基礎，因為合法性的本質就在於不管實行了怎樣有偏差的政策，都依然獲得承認。」[30]

高速增長和經濟繁榮只能短暫地掩蓋政權的合法性危機。在其背後，正在積聚著能量更大的危機。進入2010年之後，高增長的不可持續性已逐漸顯露，通過政績以緩和合法性危機的道路已窒礙難行。政權合法性危機以前所未有的速度全面顯現，並已成為體制內和體制外精英的一種「共識」。中共當下的合法性危機主要表現在以下幾個方面：

第一，官方意識型態近乎瓦解。官方意識型態的核心是具有中國特色的社會主義，或中國特色社會主義。而社會主義的最重要特徵在於：全民共用勞動成果和社會財富。如果以此作為標準，中

---

29 康曉光：〈仁政：權威主義國家的合法性理論〉，《戰略與管理》2004年第2期；蕭功秦：〈從清末改革想到當代改革〉，《炎黃春秋》2010年第11期。

30 白魯洵（Lucian W. Pye, 1921-2008），美國著名政治學家。轉引自胡平：《犬儒病：當代中國的精神危機》，博大出版社，2005年。

國民眾除了在 1980 年代體會過一些社會主義外，從未真正生活在社會主義。毛澤東時代的社會主義是貧窮和空想的社會主義；1990年代之後的社會主義其實是國家資本主義。正因為中國特色社會主義與人民的觀察和感受背道而馳，官方社會主義意識型態發生了全面迅速的瓦解。在社會主義不能支撐合法性的情況下，共產黨不得不一再利用民族主義和愛國主義，作為凝聚人心和政權合法性的新支點。但是，時效過短。有三個基本因素加劇了意識型態的瓦解速度：其一，資訊革命。因為網路和微博，原本行之有效的愚民政策、書報檢查和官方媒體日益僵化、醜陋和黔驢技窮，正在喪失其強化意識型態的功能。其二，普世價值的衝擊。香港和台灣的民主進程，北非、中東、中亞和東南亞國家通過民主選舉重建國家的事實，對中國形成一波又一波的衝擊。其三，各種宗教影響的蔓延和擴大。

　　第二，「公共政策」失靈。由於公民無權參與公共政策的制定並監督其執行，公共政策無法代表公眾利益。在公共政策體系中，分配政策是最重要的，而中國無疑是公共分配政策最失敗的國家之一。這是因為腐敗的權力介入公共分配，把屬於公眾的資源據為己有，造成日益擴大的貧富差別。由於央行缺乏獨立性，貨幣政策和壟斷金融體系的結合，保證了政府和相關利益集團獲得超額的壟斷利潤。財政政策也是如此，政府部門成了公共財政資源的主要受益者。和公共政策不可分割的公共權力凌駕於社會之上，甚至成了侵害公共利益的主要工具；公共產品和公共資源得不到公正的均衡配置，或者被浪費，或者被變相私有化。這些年來，一方面存在著普遍的醫療保險、社會福利和基礎教育的嚴重滯後；另一方面，地方

各級官員卻揮霍原本稀缺的公共資源,「政績工程」、「形象工程」遍地開花,成為牟取私利的手段。所以,「公共選擇理論」在中國是無效的。作為公共政策需求者的民眾,為政府公共政策所支付的成本遠大於收益。

第三,「交易成本」逼近極限。公權力和利益集團的結合,權力的資本化和資本的權力化,貪污腐敗的制度化、社會化,加上產權結構長期處於不穩定狀態,以及由政府支配的交易規則不斷改變等因素,導致全社會的交易成本不斷攀升,且正在突破企業、個人和社會的承受底線。在中國財富膨脹的過程中,土地價格膨脹最快,其重要原因是土地的尋租空間最大、尋租現象最嚴重。政府公職人員從事土地尋租的收益遠大於成本,而公眾反對土地尋租活動的成本遠大於收益。

第四,快速邁入「風險社會」。任何現代社會內部,都存在各種交叉的社會矛盾和衝突,如果這集中表現為人民和政府之間,或社會和國家之間的衝突,那將是最危險的「風險社會」。在現階段的中國,嚴重的貧富差別、兩極分化帶來全民性的被剝奪感;普遍存在的權錢勾結、權黑勾結,司法不公、官僚腐敗,以及企業改制、土地徵收、房屋拆遷、環境污染對民眾的直接傷害,刺激和推動著民眾對公權力的普遍不信任甚至仇恨,致使「群體性事件」呈階梯式增長。這是一種存在於社會各階層的、結構性的長期危機,表明中國正邁向「高風險社會」和進入社會衝突的「高發期」。其背後是自由言論的堵塞、法治不彰和民眾對共產黨承諾的失望,是民眾和統治階級之間改革契約的失效。而作為政府權力核心的共產黨,

不僅沒有實現社會和解的智慧、眼界和胸懷，反而按照「敵對思維」的邏輯，假想的敵人愈來愈多。高度依賴暴力以保障政權，導致控制人民的「維穩費」不斷膨脹和不可遏制，其數額可能已超過國防軍費開支。[31] 如果一個國家的維穩經費高於軍費，這說明這個政權的合法性是極有問題的。由維穩費所刺激出來的「暴力經濟」繁榮，實為一種可悲的繁榮。

第五，黨內矛盾激化。2010 年至 2012 年，合法性危機加劇。薄熙來的垮台和重慶模式的破產，頗有代表意義。黨內矛盾激化的原因包括：意識型態傾向和治理觀念的差別；黨內不同政治派系和地方以及部門的利益集團相結合；政治權力關係的演變日益取決於經濟利益結構的調整；共產黨內權力更替的舊有方式難以維繫，黨內權力移交的合法性危機和國家政權的合法性危機相互作用，形成一種疊加危機。這一切使得共產黨陷入了既不能按傳統方式運行，也不能推行黨內民主的兩難境地。

第六，統治集團、新中產階級和精英喪失信心。中國共產黨面臨的合法性危機和歷史上的王朝後期有近似之處，那就是：統治集團、既得利益集團及其追隨者，儘管和政權是利益共同體，但都只想自身利益最大化而少有忠誠，並不願意與政權共存亡。共產黨曾經依賴黨員對黨的忠心，但那個時代早已過去。至於新中產階級和

---

31 2012 年用於「公共安全支出」的預算為 7,017.63 億元，比上年增加了 11.5%，且再度超過軍費預算，外媒將這筆巨額開支視為「維穩費」。參見：〈專家解讀：公共安全開支非「維穩」開支〉，載香港《文匯報》2012 年 3 月 6 日。

精英，只是整個制度的同路人，並無意與這個政權同舟共濟。如今，新中產階級和精英開始和政權若即若離，成了中國移民新高潮的主體。向發達國家移民，意味著人才和資本的流失。

何以在共產黨執政成績尚可、經濟增長成效顯著的情況下，其合法性危機卻反而加劇和惡化？這是因為，中國已經邁向開放社會，全球化和資訊化的影響不斷擴大。也就是說，世道變了，共產黨不可控制的因素不斷增加，抵消了本來就脆弱的政績對「合法性」的支撐。此外，過去一年來，中國經濟增長放緩的跡象越來越明顯。原有的增長速度難以為繼，下行經濟週期同時出現，通貨膨脹和就業壓力同時升高。這些都是不可忽視的原因。

在這方面，台灣和韓國提供了足堪借鑑的歷史經驗。台灣和韓國都曾經在威權政治下完成了「經濟起飛」，使國家綜合實力和競爭能力提高，國民生活得以改善。但是，這些「政績」並沒有加強威權統治的合法性。相反的，台灣和韓國的經濟發展，加速了威權政治向民主制度的轉型過程。可以肯定地說，一個未經民選程序的政權，即使經濟政績顯著，也不可能改變民眾質疑這個政權所賴以建立的價值基礎和這個政權的合法性。

七、關鍵是選擇怎樣的政治改革？

2011 年的「烏坎事件」，是胡溫體制「構建社會主義和諧社會」目標完全落空的標誌事件，集中反映了當下共產黨政權的深刻危機。經過二十年的改革，民眾發現政府的承諾基本沒有兌現，一

種被忽悠的感覺轉變為失望，甚至絕望。一個政權的合法性，說到底，要歸結到人民對它的認可程度。沒有認可，人心喪盡，當然談不上合法性，社會秩序和國家體系會逐漸分解，加之社會道德體系崩潰，社會治理效率每況愈下，社會動盪自然會不斷深化。即使政權可以繼續存在，其統治成本卻不得不相應提高，遂出現民眾反抗成本和政府控制、鎮壓成本之間的長期競賽。最終，或者是底層民眾不得不繼續屈服強勢政權，或者是失去合法性的政權因無法承受統治成本而被迫讓步，以致瓦解。

2012 年以來，法國歷史學家托克維爾（1805-1859）的《舊制度與大革命》一書流傳於京城。[32] 其背景是社會各界對嚴重滯後的政治改革喪失耐心，對可能發生政治動盪的預期增大，普遍感到革命的幽靈正飄浮在中國上空，且對這個幽靈充滿了憂慮甚至恐懼。而這本書為人們提供了以法國大革命作為觀察中國現實政治的參照系。過去，主流精英在如何避免中國發生革命的問題上，一度形成了兩大類意見：第一類是立即著手政治改革，不管是回歸毛澤東式的改革，還是以民主和法治為訴求的改革；第二類是堅決不改，因為真正的政治改革可能觸發革命，而這被視為法國大革命和清末立憲運動的血淚教訓。只是因為薄熙來事件和十八大前後的社會輿論導向，堅決不改的主張似乎處於下風。

實際上，中國已經和繼續處於這樣的時期：不是要不要進行政治改革，而是由誰主導政治改革？因為由不同的政治力量所主導

---

32 《舊制度與大革命》原著出版於 1856 年，中文譯著出版於 1992 年。

的政治改革，將具有根本不同的政治改革對象和政治改革目標。目前，中國至少存在著三種政治力量的博弈：

第一，「毛派」力量。在中國的政治環境下，「左派」的概念不僅和西方的「左派」概念南轅北轍，而且過於寬泛。稱「毛派」比「左派」更精確。「毛派」的特徵是：堅持毛澤東的基本理論；肯定毛澤東的革命實踐，包括文化革命；認為毛澤東的社會主義是真正的社會主義，雖然貧窮但是公正，沒有制度性貪腐；主張重建毛澤東時代的社會主義。毛派擁有廣泛的社會基礎，凡是對現實經濟政治不滿和失望的，又不贊成或不理解現代民主理念和制度的民眾，都可能會把毛澤東時代理想化。特別是改革以來，毛澤東的歷史責任從來沒有被清算，沒有發生「去毛化」，文化革命沒有受到徹底否定。所以，毛澤東的話語系統、哲學觀念和思維方式，還深刻地影響著社會各個層面。想學毛澤東的人大有人在。[33] 薄熙來的「重慶模式」從「唱紅打黑」到「劫富濟貧」，就是對毛澤東時代的一種復辟，所以得到了「毛派」的認同，其影響力波及全國，甚至引起國際社會的關注。與「重慶模式」呼應的是「新民主主義」模式，其代表人物是張木生。後者雖然以毛澤東的《新民主主義論》為理論基礎，但並不是真正的毛主義模式，而更接近劉少奇在1949 年前後的經濟和政治思想，即中國需要的是民主化和工業化，

---

33 在 1990 年代，南德集團董事長牟其中（1941 年生）就是以從思想到日常行為仿效毛為榮的代表人物。他一度被評為「中國首富」。1999 年被以信用證詐欺罪名被抓捕，2000 年被判無期徒刑；2003 年改判有期徒刑 18 年。牟其中的命運代表了他那一代民營企業家的命運。

應放緩社會主義進程。[34] 當然，「重慶模式」和「新民主主義」模式有共同點，包括整頓吏治、打擊貪官污吏、制止腐敗；恢復毛澤東的地位和意識型態；維護共產黨的統治權。在 2012 年初，毛派已形成一定氣候，並對執政集團構成了直接威脅。後因為王立軍事件、薄熙來垮台、「烏有之鄉」等網站被關閉，毛派一時失去了領袖、平台和輿論陣地。但只要毛澤東沒有被徹底清算，毛派的社會基礎依然存在，在共產黨內和基層民眾中間還會有相當多的支持者。

第二，保守派。中國是一個沒有西方經典「保守主義」的國家。自 1970 年代末啟動改革以來，共產黨內的「保守派」可以定義為那些同意局部改革，但堅持不可突破「四項基本原則」的群體。在過去三十年間，這個「保守派」又可劃分為「開明保守派」和「極端保守派」（即守舊派）。鄧小平是一個異數，既有「改革派」的特徵，也有「守舊派」的特徵，但基本屬於「開明保守派」。江澤民時期的主流是開明保守，只是在某些時候和某些事情上，可能更開明或者更保守。在胡錦濤時期，守舊是執政的導向，政治改革徹底停滯。吳邦國在全國人民代表大會上說：「基於中國國情，我們已經做出了嚴正聲明：我們不會實行多黨輪流執政的制度。」他表

---

34 劉少奇和毛澤東的差別是顯而易見的。1949 年共產黨執政後，毛澤東一再強調的是人民民主專政，劉少奇則是民主化。1951 年 2 月 28 日，劉少奇在北京市第三屆人民代表大會上說：「沒有我們國家的民主化，就沒有新民主主義政權的發展，就不能保障新民主主義經濟的發展和國家的工業化。反過來，新民主主義經濟的發展和國家的工業化，又要大大地加強和鞏固新民主主義政權和基礎。因此，我們的口號是：民主化與工業化。」

示，任何希望採取西方式民主的舉動都會危害中國的經濟成就，並把國家拖入混亂。「如果我們動搖……就會喪失我們已經取得的發展成果，國家甚至會跌入民怨衝突的深淵。」[35] 吳邦國的這些說法代表了統治階層的主導思想。2010 年之後，雖然溫家寶多次明確支持「政治改革」，但並沒有明確說「政治改革」的基本內容。[36] 所以，直到胡錦濤和溫家寶執政進入倒數計時，「政治改革」依然停留在沒有實際內容的空洞口號階段。為什麼政治守舊和拒絕政治改革始終是共產黨領導核心的主流？有兩個主要原因：其一，根深柢固的政權意識。林彪關於共產黨如何看待政權的說法始終具有代表性：「革命的根本問題是政權問題。」[37] 即使在今天共產黨的核心成員中，1956 年匈牙利事件中吊在電線杆上的「共產黨人」，赫魯雪夫、納吉、葉利欽、戈巴契夫這些共產主義「罪人」，被處決的羅馬尼亞總統齊奧塞斯庫，特別是蘇聯解體的「教訓」等等，統統仍是揮之不去的噩夢。其二，既得利益、家族利益。今天共產黨的各級領導層都難以逃脫巨大的利益誘惑和腐敗陷阱。黨內保守派的政治光譜和他們既得利益的分布光譜，基本一致。對於他們中間的很多人來說，「政治改革」和「民主化」可能導致歷史性清算

---

35 吳邦國：〈我們不搞多黨輪流執政 不搞「三權鼎立」和兩院制〉，十一屆全國人大四次會議人大常委會工作報告。《新華網》，2011 年 3 月 10 日。

36 在 2010 年 3 月全國人大會議上，溫家寶在政府工作報告中指出：「沒有政治體制改革，經濟體制改革和現代化建設就不可能成功。」10 月，溫家寶出席聯合國大會期間，在接受美國有線電視 (CNN) 採訪時表示，政治改革需要「風雨無阻，至死方休」的精神。

37 《林彪文選》第三卷，1968 年 9 月，頁 108-123。

和身家性命的風險。也就是說，今天黨內保守派反對政治改革，早已不是因為簡單的思想守舊和冥頑不化，而是因為與既得利益集團難以切割。

第三，自由派力量。根據中國現實，「自由派」可定義為主張普世價值和支持民主化的群體。在自由派看來，在二十年的所謂改革之後，未來的改革對象早已不再是毛時代的計畫經濟和極權政治體制，而是由極權主義、集權主義、威權主義混合之後的政治體制，以及經濟上的國家壟斷資本主義體系。因為制度不是空洞的，總是和人群聯繫的，所以政治改革不可避免地要觸動和衝擊通過非法手段獲得利益的官僚和商業既得利益集團。從實際出發，趙紫陽在 1980 年代關於政治改革的設想和方案，應該可以作為再次政治改革的基礎。政治改革的基本目標包括：實現民主憲政；依據憲法和法律，保障個人權利與自由；人民主權和民選政府；限制政府權力，實行分權制衡；司法獨立；促進公共福利。憲政、民主、法治構成民主制度的三個支點。在自由派看來，如果沒有民主政治，沒有結社、言論和新聞的自由，沒有民主制度作為社會的根基，就不可能從制度層面上根除貪腐的根源，因為絕對的權力必然導致絕對的腐敗。「自由派」與「毛派」和「保守派」比較，社會基礎相對薄弱，但其理念則代表了歷史方向，長遠來看會獲得更多民眾、特別是年輕一代的支持。在烏坎事件中，村民不僅提出與自身緊密相關的「利益訴求」，還有依法行使村委會選舉權的「權利訴求」，甚至在集會時打出了「反對獨裁」、「還我人權」、「打倒貪官」等有明確價值追求的橫幅。這說明「自由派」的民意潛力是相當大

的。

　　當下中國正處於要進行怎樣的政治改革的十字路口，正面臨「保守主義」和「民主主義」這兩種選擇。最近《環球日報》的一篇文章，集中反映了「保守主義」的立場。該文承認共產黨長期執政帶來「權力缺少制約以及官員腐敗」等問題，而且「如何解決這些問題迄今沒有體制性答案」，但堅持共產黨繼續執政的地位不可動搖。該文表示，中共不是西方政治學意義上的普通政黨，目前有 8,260 萬黨員，比歐洲主要大國的全國人口還要多，並且深入到中國社會的最基層，與國家和社會管理體系形成高度融合的領導力量。所以，「政黨輪替在中國之所以根本不可能，是因為西方的政黨輪替只是權力輪替，而中國一旦發生『輪替』，觸動的絕不僅僅是權力，而是整個社會翻天覆地的重新洗牌和大動盪。」[38] 這個詮釋的要點是要避免「重新洗牌」，即維護既得利益結構。但古今中外，任何一次歷史進步的實現，都需要改變原有的利益格局，都不可避免的要重新洗牌，甚至要把牌桌上的一些人請下來。十八大之後新領導人提出的「改革要打破利益格局，調整利益預期」是實事求是的說法。如果不觸動既得利益結構，容忍早已尾大不掉的既得利益集團和家族繼續膨脹，如下的惡性循環還會繼續下去：「低水準民主→高腐敗→社會不公與群體事件→威權控制和暴力維穩→低水準民主→高腐敗」，最終引發社會動盪，共產黨政權傾覆。一個政黨的強大與否和它有多少成員沒有相關性，更何況是龐大的只分

---

38 〈中共，與西方政黨完全不同的執政黨〉，《環球日報》，2012 年 11 月 12 日。

享利益、但沒有忠誠的黨員群體。對於這樣的危險性，共產黨內高層有識之士已將其上升到「亡黨亡國」的高度。

選擇憲政民主道路，不僅是為了打破錯綜複雜的既得利益集團體系、改變原有的利益分配格局，也不僅是為了避免共產黨內矛盾的進一步激化和自下而上的社會動盪，更是為了通過開啟民主化改革的大門，有步驟地還權於民，從而根本解決中國的政權合法性和長治久安的問題。一個社會要實現真正的和諧穩定，與政績沒有直接關係，而與民主程序和法治相聯繫。它取決人民通過民主程序選舉產生政府，與政府在政治、經濟、社會政策上達成共識。民主不是關於 GDP 增速有多快，而是關於怎樣分配 GDP 增長所帶來的收益。有一種似是而非的說法是：極權和專制有效率，民主的效率低、成本高。但極權和專制的效率依靠的是思想控制和國家暴力機器，一旦統治結構瓦解和崩潰，全社會將付出更大的代價。從長遠來看，民主憲政可以克服政權合法性危機的怪圈，不再用新一次更大的不合法去掩蓋上一次不合法。可以說，這就是社會成本最低的中國道路。

八、共產黨政權合法性與西方社會

在毛澤東時代，中國實行獨立自主和自力更生的國策，國民經濟不屬於開放經濟。因此，政權的合法性危機是相對單純的內部問題。「不斷革命」是關起門來自己鬧革命，既不需要國際社會認可，也不在乎西方國家反對。不僅如此，毛時代的中國還「輸出革命」，

挑戰世界秩序。

　　1972 年，毛澤東和尼克森在北京會面之後，中國加入聯合國。這也意味著共產黨開始考慮其政權合法性和國際社會的關係。在鄧小平時代的三十年，中國完成了從封閉經濟向開放經濟的轉型，中國和世界的關係不再是過去簡單的外交關係和貿易關係，也不再是單純的主權國家之間的關係，需要和國際組織、跨國公司和跨國運動建立新關係。這種「後國際政治」還將政治制度和價值觀的因素引入到國與國的關係之中。所以共產黨政權的合法性再也不可能是單純的內部問題，其與國際社會的相關性呈現不斷增大的趨勢。中共政權的合法性，在某些時候和某些領域需要通過與西方社會的溝通合作來加強；在另外一些時候和另外一些領域則需要通過與西方社會的對立加以改善，從而形成了一種奇特的糾結關係：

　　第一，在經濟領域，以互利合作為主。共產黨用以支持合法性的「經濟成就」需要和國際社會、首先是西方國家和商業合作。中國參加了世界銀行、IMF 和 WTO，接受了西方國家創立和主導的「遊戲規則」，從貨幣政策、貿易政策到智慧財產權政策等。出口導向的經濟增長依賴國際市場（主要是發達國家市場），需要引進外資和跨國公司，並進行資本輸出和獲取國外資源。甚至，就連中國是否已是市場經濟，都需要得到西方的承認。

　　第二，在意識型態的領域維持對立。在價值觀方面，共產黨拒絕接受西方世界的普世價值，如自由、人權和民主。在其自身的意識型態支離破碎之後，尤其懼怕普世價值的影響力，所以持續地批評西方的民主制度。不這樣做，勢必進一步動搖中共執政的合法

性。

　　第三，在國際關係領域，同時需要合作和對立。中國早已廢棄「三個世界」的理論，並把國際關係的準則和國內政治標準互相掛鉤。自 1990 年代開始，在服從國際關係基本框架的同時，中國基本選擇了與西方國家不同的立場，既不願意接受蘇聯解體的事實和東歐國家的民主化選擇，還支持從非洲到亞洲一個又一個的獨裁政權和軍政權。為了維護北朝鮮政權，更不惜持續投入巨額資源。因為如果肯定了國際上的民主政治制度，等於從邏輯上否定了中國現存的政治制度。

　　第四，在國家安全和軍事領域，視西方國家為「敵對勢力」。共產黨以民族主義增加政權合法性，而民族主義需要國際敵人，所以需要不斷重申西方世界對其國家政權的安全威脅。這些年來，中國盛行的各種西方「陰謀論」蓋出於此。

　　第五，在政治危機和權力交接的時刻，需要西方國家協助。1989 年六四事件發生後，中國在國際社會中異常孤立，這是經過十年經濟改革的中國所無法承受的。後因為得到布希家族和基辛格等的人鼎力幫助，才得以化解六四事件觸發的政治危機。此外，每次權力交接，中共都希望得到西方輿論的支持和認可。就連揭露、打擊貪官，都經常借力西方媒體。

　　第六，在共產黨統治階層的家族利益方面，受制於西方國家。中國各級政府官員的資本轉移和子女教育，都以西方國家為目的地。這一點，需要西方國家的默許和提供必要的方便。這是中共政權合法性的軟肋所在。

中國改革的歧路

冷戰結束之後，主要是 1990 年代之後的國際政治史表明：非民主國家的政權更迭，不論是發生政變、內戰，還是流血或不流血革命，都迅速通過民選的方式來解決政權轉移的合法性。各國人民的選擇和世界潮流是一致的。可以肯定，古巴、北朝鮮和越南，未來或早或晚都會走上這樣的道路。全球化下中國和世界的融合，已使中國不可能回歸封閉社會。世界大趨勢對中國未來經濟政治制度的選擇，對中國最終實現政權合法性的影響，正在不斷加強之中。

九、結語

在過去三十餘年間，中國社會使用率最高的詞彙就是「改革」二字。「改革」如同當年的「革命」，被年年講、月月講、日日講。在江澤民和胡錦濤領導共產黨的這二十年，「改革」早已被意識型態化、庸俗化。在「改革」的口號和現實之間，裂縫不斷擴大。不僅如此，「改革」還沒有時間表。「改革」正在成為負面詞彙，被人們厭倦和淡漠，一種「改革疲倦症」已滲透到社會的每個角落。原本的改革正效益早已逼近和進入負效應，其邊際成本不斷上升。其實，1980 年代積累的「改革紅利」已消耗完畢。中共十八大之後，有經濟學家呼籲：「改革是最大的投資。」然而，他們並不知道「改革」的實質內容是什麼，更不知道要往哪裡「投資」，「投資」的回收期有多久。

中國當前所面對的根本問題，就是要告別「改革萬能論」的思維，擺脫「改革陷阱」，結束「持續改革」。要建設一個正常的

中國社會，其通道就是民主化和實現民主憲政。在過去六十年間，共產黨在中國完成了工業化並建立了現代國家的基本框架，但卻始終無法擺脫「以黨建國」和「以黨治國」的迷思。儘管先後使用了以意識型態為主、以領袖魅力為主、以統治績效為主這三種支撐其合法性的方式，但效果是有限的、短暫的。政權的合法性危機一次又一次發生，並且呈現出日益深刻化、嚴重化的趨勢。正因為中國至今沒有解決建立現代政治制度的問題，「國家看似強大，但制度很脆弱」，人們「在感受到中國強大的同時，人們也日見中國的脆弱」。[39] 現代政治制度和與之配合的健全政治規則，提供了政治活動和社會活動的依據，保證了合理的社會秩序，並避免國家解體。而建立現代政治制度的根本出路就是民主憲政。現在，中國無疑已經到了非走憲政民主道路不可的關鍵時刻了。在中國現代史上，國民黨畢竟承諾和實踐過「軍政」、「訓政」乃至「憲政」。國民黨政權移台後的前三十年，並沒有還政於民，而是以戒嚴法作為威權統治的藉口。但當這個藉口不成立的時候，能夠開啟民主化進程，終止戒嚴、回歸憲政、開放中央層級的民選，完成了國民黨政權合法化、台灣民主化的轉型。在這方面，共產黨要有勇氣和信心學習國民黨。這是大勢所趨，也是民心所望。

39 鄭永年：《中國模式：經驗和困局》，浙江人民出版社，2010 年，頁 50-52。

中國國情的八個關鍵問題

中國國情的八個關鍵問題[1]

中國國情是什麼？「超大」無疑是最顯著的特徵，十幾億人口、世界第二大經濟體等等。然而，除了「超大」之外，還有更重要的特徵，那就是「變動」，經濟發展階段更迭、制度解構和重建，社會轉型，等等。而造成「變動」的因素，從歷史到現實，從國際到國內，從意識型態到經濟利益，相當複雜。其中，發生過影響的各種主義就不下十種。[2] 所以，三十餘年的改革過程，就是各種因素的「雜合化」過程。中國當然早已經不是以公有制為基礎的計畫經濟，也不是私有制為基礎的市場經濟，更不是計畫和市場結合的「混合經濟」。無論「資本主義」，或者「社會主義」，甚至「中國特色社會主義」都不可能概括中國的基本特徵。中國是什麼，竟然成為問題，以致很難對現階段的中國經濟制度和社會型態給以清晰的「定義」。古今中外，都沒有觀察中國的現成參照系。關於中國的判斷，此時此刻似乎是正確的，到了彼時彼刻就會錯了。所以，分析中國，僅僅避免「盲人摸象」式的片面性是非常不夠的。因為，連中國是不是一頭真的「象」本身都是問題。當你事先假定中國是

---

1 此文以 2012 年夏天以來關於中國經濟問題的思考筆記為基礎，整理而成。

2 除了社會主義和資本主義之外，還有社會民主主義、新權威主義、平均主義、福利主義、企業主義、地方主義、庇護主義、全球主義、民粹主義和民族主義等的影響，這些主義在不同時段形成不同組合。

「象」的時候，其實就已經犯了「先驗主義」的錯誤。退一步，即使中國曾經是「象」，因為受到各種因素影響，不斷處於變異和演進之中，此「象」也已非彼「象」。

總之，中國是一個處於持續「變動」之中的龐然大物。認知中國新國情，需要具有全面和動態的雙重意識。本文選擇和討論的八個問題，所要揭示的是任何一個描述中國的概念，都必須根據實際情況做重新解讀。

一、關於政府與市場的關係

只要面對中國經濟改革和經濟發展，政府和市場的關係就是不可迴避的首要問題。在這個問題上，有兩種極端主張：一極是肯定政府干預，甚至主張由政府來控制市場和管理市場，以求產生超越自由市場的效率；另一極則傾向「市場經濟萬能」，反對政府參與和干預市場活動，認為市場可以通過公平競爭，避免資源配置扭曲、尋租機會、權錢交易。上述兩種看似極端不同的主張，都隱含了一個共同的前提，那就是市場經濟已經存在於中國。其實，這是最大的「幻覺」。

評價一個國家是否是市場經濟國家，是有標準的。如果以世界發達國家作為參照系，可以從「國家」或者「宏觀」，以及「企業」或者「微觀」兩大類標準，衡量一個國家的市場經濟程度。這些標準至少包括：產權的清晰程度；對私人財產權保護程度；市場決定資源配置程度，決定價格、成本、投資程度，決定匯率變化程度等

等，或者反過來說政府干預和控制市場經濟運行的程度；勞資雙方工資談判的自由程度；企業會計制度達到國際規範的程度；設立合資企業或外資企業的自由程度；企業向國外轉移利潤或資本，以及決定出口價格和出口數量的自由程度；開展商業活動的自由程度，壟斷行為是否得以控制，市場規則和市場秩序的完善程度，等等。上述標準中，市場決定價格，自由貿易和貨幣的可兌換最為關鍵。如果以這些市場經濟的標準來衡量，中國並沒有形成市場經濟。最多是建立了市場經濟的外殼，並沒有市場經濟的實質。所以，諸如「市場失靈」和「市場失敗」的問題，無從談起。

在中國過去三十餘年間，「政府」和「市場」關係經歷了三個基本階段：第一階段是 1980 年代，計畫經濟解體，政府作用下降，市場經濟開始；第二階段是 1990 年代，政府作用全面反彈，發育不久的市場經濟遭到壓制。在這個階段中，既有對 1980 年代改革的「路徑依賴」，也有對 1980 年代改革的背離。第三階段是在 2000 年之後，政府徹底控制市場，市場淪為政府工具，不僅遠離了市場經濟，跳躍過自由競爭階段，直接走向了國家壟斷經濟。其間，只有 1980 年代，曾經有過市場經濟發育和成長的機會。那麼，為什麼政府在和市場的博弈中成為了贏家，以建立市場經濟體制為目標的改革卻沒能使之建立市場經濟呢？以下因素起了非常重要的作用：

第一，政府具有天然優勢，主導「市場經濟」的創建。1980年代的經濟改革企望通過市場經濟替代計畫經濟，廢棄計畫經濟。但是，因為中國的市場經濟傳統在 1950 年代被徹底摧毀和連根拔

掉，重建市場經濟需要政府主導。也就是說，新的市場經濟不是自然發育出來，而是要依靠政府培育和扶植。這是經濟改革最重要的初始「悖論」。問題是，政府原本是計畫經濟的核心，掌控著幾乎全部經濟資源和經濟活動空間。而且，並不存在任何對擁有絕對經濟權利的政府的制衡力量。所以，依賴這樣的政府重建市場經濟，劃清政府和市場邊界，制定相關法規和政策，完成行政資源轉換為市場資源，從頭至尾都是和政府的原有利益和意志相矛盾的。對於政府來說，市場不應該成為削弱政府作用的新經濟型態，而是政府的「新領地」。當然，政府的意志是通過決策集團的意志和政策取向表現出來的。在 1990 年代中期，決策層受計畫經濟傳統影響，加上吸取東亞市場受政府管制的經驗，在強化市場、民營經濟和地方權力，還是強化國家管理市場、國家壟斷和中央集權的關鍵問題上，選擇了後者，最終導致了計畫經濟的回潮，不是扶植而是抑制市場經濟制度。結果是政府自身利益不但沒有削弱，而是更加擴大。政府功能、政府機構、政府雇員、政府經費全方位增長，政府系統高度官僚化。政府所使用的法律、行政、技術手段增多，對經濟的控制能力顯著上升。

第二，政府改造和利用了市場機制和市場經濟工具。市場機制是通過市場競爭配置資源的方式。具體地說，在各類市場上特定的並起獨特作用的市場機制包括：金融市場上的利率機制、外匯市場上的匯率機制、勞動力市場上的工資機制，等等。在中國，是政府的官僚系統決定貨幣供給量、利息率水準和匯率波動，沒有市場機制的任何空間。例如，利息市場化喊了二十年，至今看不到它實現

中國改革的歧路

的可能性。此外，貨幣化應該是中國重建市場經濟的重要前提，但是，貨幣化很快被政府所利用。政府通過對金融機構的壟斷，長期實行寬鬆和放任的貨幣政策；成為鑄幣稅的唯一享有者，而且通過貨幣供給推動的通貨膨脹，形成隱蔽「稅收」。還有，所謂的債券市場，資本市場，外匯市場，甚至衍生工具，無一可以擺脫政府的監控和操縱。金融經濟部門形成之日，就是政府獲取新經濟板塊之時。政府的貨幣權力不斷擴大，成為貨幣化的最大收益者和金融資源的最大經營者。

第三，政府異化為經濟實體。政府不僅是國家對土地、礦產資源、國有企業和資本所有權的直接代理者，不僅擁有稅收資源和對金融資本的操控力，成為中國財富擴張運動的發動者和受益者，而且集儲蓄、投資和消費主體為一身，成為實在的經濟實體。以土地資源為例，自 1990 年之後席捲全國的國有土地使用權「市場化」，還有以城市化名義對城市居民的「拆遷」和農民土地的「徵用」，其實就是政府主導之下的土地資本化。土地七十年使用權的收益變成土地出讓金，政府一次性收取和一次性花掉，成為國有土地價值升高的最大受益者。政府財政能力的擴張速度，持續超過國民所得增長速度和居民收入的增長速度；政府的經濟行為，從動用社會保障基金到投資基礎設施等「公共品」，對國民經濟影響至深。如果說，中國存在一個市場，那麼政府就是左右這個市場供求關係背後的最大變數。1997 年的亞洲金融危機，特別是 2008 年的全球金融危機，政府通過對危機性質和嚴重程度的誤導，降低民眾對市場制度的信心，增加對政府的依賴，加速國有企業對金融、能源、通訊

和基礎設施等領域的壟斷進程。

　　歷史告訴我們，計畫經濟制度的衰敗和瓦解，並不能推導出市場經濟必然取而代之的結論。1990 年代以後，政治改革停止，1980 年代一度顯現的市場經濟雛形，很快遭遇扼殺。沒有約束的政府，憑藉在計畫經濟時期對經濟的「自然壟斷」[3]地位，包攬「市場經濟」的設計和建造，怎麼可能產生出獨立於政府的自由市場呢？經過政府之手建立的所謂市場，天生地不具備排除政府干擾公平競爭的本能，不過是政府的一種工具，甚至是政府的婢女。所以，政府也就無需扮演市場經濟的「守夜人」角色，為經濟活動提供法治、秩序、保護等，而是按照自身的利益影響和改變經濟制度和經濟秩序。政府不是防止、抑制和打擊壟斷，而是推動和加劇壟斷，成為國家壟斷資本主義的「仲介」；對於國民所得的分配，不是通過合理的收入分配政策保障社會公平，而是擠占民間和個人財富，加劇貧富懸殊。在股票市場開放之時，人們曾經對其抱有極大希望，以為是走向市場經濟的里程碑。然而，二十年的歷史證明，中國的股票市場是在政府操縱下，通過國有企業上市劫取民間資本的場所。簡言之，政府以市場的名義，不斷重複著各種反市場的行為，將市場異化為實現擴大經濟權利的手段，政府權力已經超過計畫經濟時代，至今看不到衰減的趨勢。

---

3 「自然壟斷」（Natural monopoly）的原本意思是指因產業發展的自然需要而形成的壟斷狀態。這裡借用這個概念，用以表明經過計劃經濟的政府，在向市場經濟轉型中，屬於具有自然壟斷特徵的一種力量。

二、關於壟斷國有企業 [4]

　　1949 年之後，伴隨私有制被消滅，中國只有全民所有制和集體所有制兩種公有制企業形式。全民所有制企業就是國有企業。1970 年代末初始改革的目標之一是實現「政企分離」，擴大企業自主權，推動企業加入市場競爭。與此同時，各類中小型民營企業得到政府的扶植，經歷了短暫的「黃金」時期。但是，1990 年代以後，中國再次回歸對國有經濟的依賴和培育，市場基本中止了正常發育和成長，加之政府設置越來越多的障礙，以及國有企業強化對資本、原材料、能源，以及市場的壟斷，私營企業和民營企業全面進入被限制、被壓抑和日益萎縮的狀態，成為了國有企業的附庸。至 2000 年前後，壟斷的國有企業和國有企業的壟斷，導致了中國企業結構進入嚴重的單一化和畸形化狀態。不論是企業組織，還是企業行為，都以國有企業為標準，以極少數中央企業為馬首是瞻，地方政府所屬企業跟進。嚴格地說，中國從來沒有發生過「國進民退」，因為根本沒有過「民進國退」。以下是國有企業的若干基本特徵：

　　第一，國有企業的行業和部門壟斷。以中央企業為主，完成了對重要行業的壟斷經營。包括公共供水、能源、金融業、保險業、石油業、礦業、能源、通信、航空、鐵路、公路。其間，企業數量

---

4 「壟斷國有企業」可以定義為那些在行業競爭中具有決定性優勢，在本領域內形成壟斷，對國民經濟的決策和發展具有重大影響的大型國有企業。

減少，但是，其平均規模、市場地位和壟斷能力急遽增強。[5] 中央企業是國有企業的核心，而能源和通信業的中央企業，又構成了中央企業的核心。例如，在成品油市場，雖然零售商很多，但是，中石油和中石化這兩家大型國企控制了產業鏈；電信市場，產業鏈較長、市場主體很大，但是，中國移動、中國聯通、中國電信三家公司幾乎瓜分了全部基礎電信服務市場；國家電網公司改變原本「廠網分離，主輔分離，輸配分離」的反壟斷政策，實現了對電力工業的徹底壟斷。因為實現了行業和部門的壟斷，為實現有效控制金融市場、資本市場、勞動力市場和主要產品市場的份額，提供了堅實基礎。同時，以行業壟斷為基礎，通過聯合的管理控制，聯合的股權控制，各個行業的「龍頭老大」之間構建壟斷聯盟，通過壟斷協議排除、限制競爭行為，控制定價權，比較常見的具有串謀定價性質的是大型國企的固定價，共用壟斷利潤收益。例如，中石油和中石化憑藉政策優惠和石油開採煉製權壟斷，長期操縱價格。國有企業之所以長期維持超額利潤，除了可以實行壟斷價格之外，還可以尋求減低稅負，減少分紅比例等特權，降低成本。不僅如此，國有企業憑藉壟斷資本優勢，建立無孔不入的壟斷資本網絡，正在進入一切有較大利潤空間的行業，房地產業、文化產業、農業、零售業、

---

5 2010 年，中央企業共實現利潤 13415 億元，占國有企業利潤總額的 67.5%。2009 年，在央企實現的利潤中，中國石油、中國移動、中國電信、中國聯通和中國石化等 10 家企業占到 70% 以上；其中，中石油和中移動分別實現 1285.6 億元和 1484.7 億元，僅這兩家企業就超過了全部央企利潤的三分之一（據劉學山：〈國有企業效率評價及改革〉，載《學習時報》，2011 年 12 月）。

旅遊業和餐飲業，有的大型國有鋼鐵企業開始大規模投資養豬業。在這樣的過程中，一方面，私有企業和民營企業被排斥出越來越多的行業，其生存空間日益狹小，另一方面，更多產業部門的進入門檻成本迅速提高，只有壟斷國有企業具有相應的資本實力。

第二，政府和國有大型企業的「結盟」。政府對國有企業的扶植，可謂不遺餘力，將公共財政資源轉移到國有企業；給與稅收的超國民待遇，使其少交或不交資源租金；進出口免稅、管制推遲和豁免，限制國外競爭；實行「金融壓迫」政策；[6]通過銀行擁有大量存款，以及金融當局擁有制定存貸利率和選擇貸款目標等權力，提供低於市場水準的優惠貸款和成本低廉的融資服務；給虧損企業注資和補償；排斥或限制民營資本和其他競爭者，保護國有企業高額利潤。[7]特別是，在國家的支持下，大型國有公司正在大面積地演變成跨國公司，享受資本主義大公司和中國特色的國有企業的雙重「好處」，其財力之膨脹，如同宇宙大爆炸那樣不可遏止。伴隨政府對經濟資源控制規模和國有企業財富的擴張，政府和國有企業成為聯盟，共同創造、維護和分享財富的結構。國有企業領導同時具有行政級別，可以按級別與相關政府部門負責人互調。政府和國有企業精英互為代理人，保證政府行政權力和大公司經營權一體

---

6 「金融壓迫」(financial repression) 是指：政府和貨幣當局結合，將民眾的儲蓄服務於自身的目的，例如實行實際的負利率政策，影響國債收益水準，選擇貸款對象等等。

7 例如，一些地方政府運用行政權力，發布「紅頭檔」，限定或者變相限定吃財政飯的單位購買、使用其指定的品牌的煙、酒、農藥、化肥和住宿、餐飲等商品和服務，其直接受益者往往是當地國企。

化，形成利益相互輸送的穩定機制。

第三，全民喪失對國有企業的所有權。按照法理，一切國有企業為全民所有。人民委託國家行使其所有權。國有企業所得屬於國民，國家可以用於再投資，也可以用於全民的基本福利。但是，在過去的二十年間，由於沒有民主制度的制衡和監督，加之資訊嚴重不對稱，官僚和國有企業高管不僅獲得了對國有企業的控制權，而且利用多種手段將本來屬於全民的權益轉歸自己，成為事實上的所有者。全民對國有企業的所有權不過是一種名義，是一種虛幻。國民被排除出參與分享國有企業所獲得的豐厚紅利。長期以來，相當數量的國有企業由於管理制度不完善，創新能力不足，監管缺位或不到位，如果以淨資產收益率、人均利潤水準、勞動生產率和資產周轉率等指標加以衡量，其經濟效益普遍低於民營企業。但是，這並沒有妨礙國有企業享有壟斷超額利潤，以及對壟斷超額利潤的不合理分配。國有企業，特別是中央企業的個人收入和福利遠高於社會平均水準，成為社會分配不公和貧富懸殊的突出表現。例如，石油、電力、電信、煙草等壟斷行業的員工人數不足全國職工人數的10%，其所得卻相當於全國職工工資總額的 50% 以上，或者說，這幾個壟斷行業的平均工資和福利數倍於其他行業。國有企業領導除了天價年薪還有支配大量資源的權利。

中國的壟斷國有企業現象，不僅讓人們看到計畫經濟時代國有企業的經濟特權傳統，還讓人們聯想到美國建國初期那種政府和公司的緊密關係，在重商主義影響下，從公司創立目的、公司運營到公司資本構成，都需要和政府權力相結合，需要體現政府意願，甚

至不乏官商「混合企業」。特別是，隨著中國和世界經濟的接軌，中國的壟斷國有企業嵌入了現代資本主義制度下「corporation」的「獨立法人」和「自然人」等新特性。[8] 所以，壟斷國有企業包括計畫經濟時代國有企業的基因，現代資本主義公司特性，以及國家賦予的壟斷特權，正在異化為「超級」力量，不僅成為權貴用以轉移或者攫取國民財富的工具，還是阻止市場經濟發育，破壞市場規則和市場的自由組織機制，以及加強國家資本主義的主要力量。政府企業化和企業政府化已經成勢。如果沒有深入的政治改革，壟斷國有企業作為特殊利益集團的影響力，會進一步滲透、侵入和影響到國家政治和人們的日常生活，甚至參與制定「遊戲規則」，政府系統會繼續墮落，國家走上逐漸被國有大型企業控制之路。

三、關於地方政府「公司化」

從 1950 年代至 1970 年代末期，雖然多次調整中央和地方的關係，但是，因為計畫經濟和中央集權的互補性，中央集權構架大體穩固。在 1980 年代，開始計畫經濟向市場經濟過渡，人民公社制

---

8 使用「corporation」，而沒有直接使用中文的「公司」，是因為「公司」對應的「company」的內涵比較簡單，是指以贏利為目的，從事商業活動的組織。而「corporation」的內涵複雜得多。它首先是一個「法人團體」（legal entity），其次擁有和「自然人」（natural person）一樣的權利，並且被民法視為「道德人群」（moral persons）。所以，「corporation」集一般公司、法人和自然人特性於一身，當然強大於一般意義的公司、法人和自然人。中文至今還沒有找到對「corporation」確切的翻譯。

度解體，鄉鎮企業興起，國有企業下放，試行「分灶吃飯」的財政體制，地方政府的經濟資源得到顯著擴大。[9] 在 1980 年代末期，伴隨中央控制經濟資源的減少，中央集權弱化，地方權力增強，一種中央和地方分權的模式開始形成。但是，自 1990 年代開始，中央和地方分權的模式被否定，集權模式被重新確立。發生這樣的轉變，既有 1989 年六四事件的影響，也有國際大環境的影響，包括來自蘇聯和南斯拉夫解體的衝擊。如果說，1989 年重申「黨管幹部」是再建中央集權的重要政治舉措，那麼，1994 年的「稅制改革」是再建中央集權過程中重要的經濟舉措。但是，在過去二十多年間，在重建中央集權權威的同時，地方權力不但沒有遭到真正抑制，而是以更大的能量崛起。毫無疑義，地方政府的公司化是地方權力崛起的關鍵。

第一，地方政府公司化是中央政府和地方政府博弈的結果。1994 年，中央政府實施「分稅制」，替代「分灶吃飯」的財政體制。根據「分稅制」，稅收被分成中央稅（國稅）、地方稅（地稅）以及共用稅三大類。[10] 地方稅種大都屬於比較貧瘠和徵收困難的。所

---

9 1982 年，國務院頒發《關於實行「劃分收支、分級包乾」財政體制的暫行規定》，決定除了 3 個直轄市之外，其餘地方均實行形式各異的財政包乾體制，即實行所謂的「分灶吃飯」。根據這個規定，財政收入劃分為固定收入、分成收入和調劑收入三類。而財政支出按照企業事業單位的行政隸屬關係進行劃分。地方財政在劃分的收支範圍內多收多支、少收少支，自求平衡。「分灶吃飯」從一開始就是作為過渡體制的一種安排。

10 分稅制指中央與地方政府之間，為滿足各級支出需要而按稅種特點劃分各自收入和管理許可權，收支掛鉤的分級管理財政體制。

以，實行「分稅制」之後，中央政府立竿見影地占有了全國大部分收入。中央財政收入躍升，而地方財政普遍緊張，對中央財政依存度增加。中央政府很快意識到，不論是經濟發展，還是維持地方政治穩定，都需要地方政府的積極性。但是，進入中央口袋的錢已經出不來了，只能容忍地方政府另闢財源，創立創收新模式。於是，中央政府被迫對地方政府讓步：其一，容忍地方政府在維持傳統功能的同時，兼有「發展型政府」和「掠奪型政府」的雙重功能。[11] 其二，容忍地方政府具有獨立的經濟利益，地方政府可以通過直接控股的公司或者關係公司參與所轄地域的經濟活動，並且參與經濟活動成果的分配。換句話說，地方政府的經濟利益的實現是通過公司行為實現的。地方政府的公司化自然不可避免。

第二，地方政府公司化的運作方式。地方政府公司化，意味著公共政策和服務不再是政府行為的唯一目標，GDP 成為政府行為的目標。而 GDP 的增長，則是考核政府官員政績、決定其升遷的關鍵指標。完成 GDP 增長的主體是公司。於是，地方經濟增長目

---

11 美國學者詹姆斯‧加爾布雷斯（James Galbraith，1952-），即小加爾布雷斯，在其 2008 年出版的《掠奪型政府》中，系統討論了「掠奪型政府」（predatory state）概念，成為批判美國現行政治經濟狀況的重要理論支點。而另一位美國學者曼瑟‧奧爾森（Mancur Olson, 1932-1998）的最後一本著作《權力與繁榮：超越共產主義與資本主義專制》（*Power and Prosperity: Outgrowing Communist and Capitalist Dictatorships*），其身後的 2000 年出版。他基本否定「掠奪型政府」概念，認為，掠奪型政府，表明國家與社會的利益分離，國家對社會巧取豪奪，所以必然是短命的。但是，他不否定「掠奪型政府」在歷史和現實中普遍存在的事實，提出了理想化的「強化市場型政府」（market-augmenting government）概念，強調國家與社會利益的一體化，追求合作共贏。

標也就直接轉化成為所控制公司的產值、營業額、銷售額等指標。地方政府的經濟增長目標與其所控制公司的利潤目標重合。在追求增長和利潤的動力下，政府以「為企業辦實事」為名，不擇手段、不計成本地支持它認為有利可圖，又能增加「政績」的企業，甚至直接主導相關企業的經營活動，包括與投資者洽談項目，承諾各種優惠政策，提供財政擔保、土地抵押，影響銀行貸款，參與公共項目投資等等。地方政府公司化的資本來源主要有四個：稅收、賣地、國有企業利潤分紅和地方借款。其中，土地收入資本來源是大頭。舉債則是另一個資本來源。例如「城投債」就是解決地方政府項目資金缺口的一種重要手段。[12] 值得注意的是，地方政府的財政收入和所控制的公司利潤有著不可分割的聯繫，財政收入因為企業利潤增長而「水漲船高」，財政收入增加，則可以補貼關係企業。地方政府和所在區域企業結盟，互「惠」互「利」。一方面，政府屈從於大企業（集團）的資本利益，提供源源不斷的各種資源支持，從給錢到給政策；另一方面，做大的企業則給地方帶來名聲和稅收。其中，也不乏民營企業家在政府支持下扶搖直上，成為有影響力的企業家領袖，或是進入人大、政協。

第三，地方政府的公司化與科層化。地方政府，包括從省到地級市，到縣級市，縣，再到鄉鎮一級政府、街道一級政府或者政府派出機構。中國有北京、上海、廣州、深圳四個一線城市，省會

---

12 城投債，又稱「準市政債」，是地方投融資平台作為發行主體，公開發行企業債和中期票據，多為地方基礎設施建設或公益性項目。

及經濟發達的非省會城市幾十個，被歸為五級市場的縣級市有數百個。一般說來，「上行下效」，地方政府的公司化和科層化是不可分割的，即使基層政府，也需要獨立的經濟利益，也有自己相關的公司。所以，中國各級地方政府直接投資和控股的各類公司數目，成千上萬，所涉及的經濟利益龐大。2009 年縣級經濟總量已經占全國的 56.31％，地方財政收入超過了 1/4。毫無疑義，各級地方政府的公司化，必然導致壟斷的科層化，不了解這一點，就不會明白何以在中國的縣一級，甚至鄉鎮和村一級，都會產生擁有巨額財富的家族和個人。

第四，地方政府公司化與經濟聯邦制格局。中國是「單一制」國家，始終拒絕聯邦制。雖然地方官員擁有很大資源支配權，法律上也有地方自治的規定，但是，地方自治程度普遍低下，地方政府仍然是中央政府的代理人，政治上維持集權結構。近二十年來，這樣的情況正悄悄地發生改變。各級地方政府在經濟領域實際權力的擴大，地方利益獨立化，而且已經尾大不掉。中央政府對於地方政府，上級政府對下級政府的實際權威，呈現衰微趨勢。地方政府、地方國有企業、地方銀行和其他金融機構結成一體，加速各地形成獨立於中央政府的利益結構，其直接後果便是弱化了中央政府的權威，事實上開啟了經濟聯邦制進程。以內蒙古鄂爾多斯市為例，民間融資支援的大規模房地產開發，最終導致供給過剩，大量開發商破產，眾多民眾血本無歸。在這個過程中，看不到內蒙區政府對鄂爾多斯市的監管權威。這也間接反映了中央政府對內蒙古自治區並沒有約束力。在經濟聯邦制進程中，地區之間的競爭主體與其說是

地方性企業，不如說是公司化的地方政府。這種形式的競爭，很可能導致地方市場割據，不是充分競爭，而是壟斷競爭。

應該說，中國經濟連續二十多年高增長，與地方政府的公司化，以及公司化的地方政府之間的競爭是分不開的。但是，地方政府直接或者間接地參與企業的經營活動，甚至直接公司化，成為具有無限管理職能和利益訴求的經濟主體，以 GDP 增長作為政府活動的出發點和落腳點，追求 GDP 背後的經濟利益，導致政府迷失公共價值目標，本應承擔的公共職能嚴重缺位，公共產品和服務匱乏，社會保障制度滯後。不僅如此，一旦政府進入公司化的軌道，在權力的駕馭下，無視市場經濟秩序，破壞遊戲規則，為官商的「權利和金錢」交換提供制度性條件。特別是，地方政府各級黨組織的「一把手」就具有了「董事長」身分，政府的「一把手」也具有了「總經理」身分，這種事實上的雙重身分，加速了腐敗向各級政府及其各個職能部門的蔓延。人們對於因為地方政府公司化所付出的歷史代價，至今還沒有予以充分估計。

放任地方政府公司化繼續下去，無疑會徹底腐蝕現存的經濟和政治體系。但是，如若停止，地方政府回歸其履行一般公共職能的角色而不是發展地區經濟和維護政治穩定，那將意味著地方政府和官僚體系的獨立利益被徹底否定，也意味著改變地方政府參與中國經濟增長模式和動搖現存的政治統治架構。對於中央政府而言，這是個兩難的選擇。

四、關於既得利益集團

在現代民主社會，幾乎每一個人都歸屬於某一個或幾個利益集團，也就是，社會上絕大多數人群歸屬於不同的益集團。既得利益集團不過是各種利益集團的一種特殊型態。在中國，各種利益集團尚在發育和形成之中，只有既得利益集團捷足先登。既得利益集團形成於 1990 年代，獲得長足發展則是過去十年間的事。雖然，既得利益集團的歷史不過二十年，其人數在整個人口中比例很低，卻足以影響中國的經濟和政治生活和歷史走向。中國的既得利益集團是特定的經濟和政治制度的產物，並注入了西方國家既得利益集團的某些特性，具有如下特色：

第一，既得利益集團是由特權階層轉換而來。早在毛澤東生前，中國社會已經存在一個特權階層。這個階層的主體是新政權的「高級幹部」及其家庭成員，還有依附於新政權的知識分子。這個特權階層的基礎是政治權力，並憑藉政治權力，獲得在經濟、消費品、資訊、教育等方面民眾所沒有的資源。例如，閱讀《參考消息》和「內部讀物」，擁有電話和小轎車，享受「特供」，都屬於特權。用今天的眼光看，如此特權似乎沒有什麼，但是，如果比較當時民眾貧乏的物質和精神生活，那就是「天壤之別」。文化大革命動搖和衝擊了這個特權階層。但是，自 1990 年代開始，伴隨國家極權主義復辟，威權政治興起，國家資本主義起步，原本被胡耀邦和趙紫陽時代所抑制的特權階層再次得以凝聚，並以政治權力為中心，向經濟領域擴展，參與和從事各種商業活動，改變了存在型態，使

得原本簡單和單薄的政治特權轉化為相對複雜和雄厚的利益集團。

第二，既得利益集團的高度家族化。中國既得利益集團的家族化最初表現為「太子黨」現象。1987 年，李鵬就任國務院代總理，標誌著太子黨正式進入政權核心。1989 年六四之後，共產黨元老在平衡家族利益和默認「太子黨」的政治和經濟特權問題上形成共識。在 1990 年代，共產黨元老的「太子黨」，大體奠定了家族化的既得利益集團格局。2000 年前後，以政權新貴為背景的新「太子黨」全面崛起，並派生出「官二代」和「富二代」現象。在這個既得利益集團中，不乏來自社會底層的平民，但是，他們基本被同化。另外，家族化的既得利益集團，通過聯姻，逐漸形成了新型「門閥制度」。在社會上，再次出現「上品無寒門，下品無世族」現象。值得提及的是，在這種新型的「門閥制度」中，還混合了所謂西方「貴族」文化、禮儀，甚至等級元素。為此，他們的後代，對歐美的所謂「貴族」式教育趨之若鶩。在 21 世紀的中國，這種和血統緊密聯繫的，以家族化為基礎的既得利益集團，在擁有政治上和經濟上特權的同時，還擁有在社會財富資源配置中的優先位置，無視法律，破壞社會基本的公平規則，阻礙著其他社會精英，特別是「底層知識青年」的上升通道，讓人們相信和崇拜權力，羨慕金錢和家庭背景，動搖支撐一個社會的公平正義理念。幾年前的那個「我爸是李剛」的故事，就是這種既得利益集團在社會基層的一種畸形和變態的顯現。[13]

13 2010 年 10 月 16 日，保定市某單位實習生李啟銘酒後駕車，在河北大學新校區的生活區把兩名女生撞傷，造成其中一名死亡。事故發生後，李啟銘仍駕車繼續行駛，在被保安和學生截住之後說「有本事你們告去，我爸爸是李剛」。其父李剛是當地公安局的負責人。

第三，既得利益集團的擴張基於權力和資本的持續交換。一方面，政治權力具有強烈的資本化衝動，一切資本需要得到權力的保護。通過商業操作和權力運作的結合，實現最少投入和最大產出，權力最終轉化為財富。另一方面，資本也有權力化的衝動。通過金錢改變權力結構，影響甚至駕馭決策，控制行政資源配置，可以獲得超常的高額回報。通過權力和資本持續不斷地交換，既得利益集團的能量得到積聚。如何劃分既得利益集團的類型，有不同的方法。最有影響的分類是將既得利益集團分解為政府官僚利益集團、部門利益集團、國有企業利益集團和地方利益集團。在實際經濟生活中，這四種既得利益集團是互相交叉的。需要強調的是，權力和資本比較，權力更為重要。在中國權力至上和官本位的國情之下，支撐既得利益集團的基礎始終是政治權力。這就是為什麼既得利益集團抵制和反抗任何改變現存政治體制的改革。

第四，既得利益集團的板塊化、體系化、國際化和多面化。所謂既得利益集團的板塊化，主要指既得利益集團的產業和地區板塊。既得利益集團的板塊幾乎涉及一切實體經濟和非實體經濟部門。即使是文化、教育、醫療和法律系統也不可倖免。例如，石油幫」屬於既得利益集團中的「石油板塊」；「上海幫」屬於既得利益集團的「上海板塊」。所謂既得利益集團的體系化，是指既得利益集團的縱向分布，從中央到基層。烏坎村事件的對抗雙方，一方是村民，另一方則是村和鄉鎮一級的既得利益集團。所謂既得利益集團「國際化」，是指既得利益集團與跨國公司和海外資本緊密合

作。西方國家各種機構參與其中，從大型公司、投資銀行、全球性基金到名牌大學，其地理跨度從東京、莫斯科到倫敦、紐約。所謂既得利益集團的「多面化」，則是指既得利益集團大都有合法的外殼，例如，「公司」、「基金」，甚至學校、醫院、慈善機構、廟宇和 NGO，都可能是既得利益集團的載體或者平台。還有，既得利益集團與「黑社會」的聯繫，參與骯髒不堪的交易。

第五，既得利益集團左右政府政策，卻不受制衡。在民主體制下，既得利益集團要維護和擴大既得利益，獲得某些經濟和政治利益分配，需要通過各種「院外活動」，以求影響政府官員的相關決策。但是，因為不同的既得利益集團之間相互制衡，政府依民主程序而更迭，以及媒體和知識分子的相對獨立，沒有任何一個單一的既得利益集團可以長期操縱政府運作，一手遮天。但是，在中國，既得利益集團之間互通有無，訴求基本一致，彼此之間不需要競爭，不存在制衡。此外，因為沒有民主制度，既得利益集團可以和政府建立穩定的利益關係，政府不僅難以成為遏制既得利益集團的力量，反而成為了既得利益集團的保護者，甚至是既得利益集團的成員。因為既得利益集團具有經濟和政治的雙重壟斷能力，根本不需要支付「院外活動」和「遊說」成本，政府部門就會做出有利於既得利益集團的決策。既得利益集團還可以從政府的公共政策，諸如教育、醫療、社會保障和區域政策，甚至扶貧政策中獲得新的利益，直接參與和享用公共產品的分配。更嚴重的是，即使既得利益集團侵害了公眾利益，例如毒奶粉事件，也可以被網開一面。薄熙

來事件所折射的是既得利益集團如何實現了政治權力、司法權力和經濟利益的緊密結合，以及國內和國際權勢網絡的緊密結合。

毫無疑義，既得利益集團的形成和發展是中國過去二十年中最重要的社會現象。如今，中國的既得利益集團顯現出三個趨勢：其一，既得利益集團和壟斷國有企業融合。壟斷國有企業成為既得利益集團重要的安身之所，從而強化了既得利益集團和壟斷國有企業對某些產品、行業和區域的市場控制，增加超額壟斷利潤。在中國，沒有壟斷的既得利益和沒有既得利益的壟斷是不可想像的。其二，既得利益集團向媒體滲透和延伸，主導輿論，完成從「硬實力」向「軟實力」的轉變。其三，既得利益集團對司法系統的影響全面增強。可以毫不誇大地說，在既得利益集團的推動下，國家利益不斷被分解，中國的政治和經濟利益格局不斷被重組。所以，今天的既得利益體集團，已經不是一個「集團」二字所能容納，而是擁有共同意識、共同利益、共同生活方式的新的社會階層，甚至說，是一個新的「階級」。這個既得利益集團或者既得利益階層，蔑視法律體系，破壞市場規則和社會財富的合理分配機制，壓縮中產階級生長空間，加劇貧富差別，抗拒政治民主化潮流。中國要進步，不僅要正視既得利益集團的存在，而且必須打破其存在的格局。

五、 關於經濟增長

過去二十年，中國處於一個特殊的經濟增長時期，在政府、國有金融機構和壟斷國有企業共同組成的「增長聯盟」主導下，實行

了一種接近「大推進」理論的增長模式。[14] 在這樣的增長模式下，曾經盛行於西方發達國家的「福特生產方式」在中國得以空前的放大，使之成為了「世界工廠」。[15] 但是，2012 年，幾乎所有宏觀經濟指標顯現和預示著經濟增長速度發生下落。對於這樣的經濟現象，有兩種截然不同的判斷。一種判斷是，2012 年的經濟下落是暫時的，只要調整經濟增長方式，找到新的增長點，仍舊可以重新回到高增長的軌道。另一種判斷是，2012 年是歷史性拐點，從此，中國開始進入中、低速增長時期。後一種判斷更接近事實。從中長期看，至少有如下五個約束條件發生作用，使中國的高增長被中速甚至中低速所替代：

---

14 「大推進」理論增長模式的理論基礎是「大推動理論」(The theory of the big-push)。1943 年，英國的發展經濟學家羅森斯坦—羅丹（P.N. Rosenstein-Rodan）在《東歐和東南歐國家工業化的若干問題》中，首先提出這一理論。其理論核心是在發展中國家或地區對國民經濟的各個部門同時進行大規模投資，促進這些部門平衡增長，推動整個國民經濟高速增長。「大推進」的增長模式以生產函數、需求和儲蓄供給的三個「不可分性」為前提。羅丹認為必須以最小的臨界投資規模對幾個相互補充的產業部門同時進行投資，使之產生「外部經濟效果」。具體而言，就是創造互為需求的市場，降低生產成本、增加利潤，加強供給。重點投資領域集中於基礎設施和輕工業部門。整個過程通過政府計畫而非市場組織實施。「大推進」模式的要害是依賴政府的計畫作用，忽視市場的自組織功能，追求「外部經濟效果」，抑制市場發育，既不可持續，也不可重複。

15 「福特生產方式」著重以活動生產線的方式進行生產，採取大量具有特定功能的機器，產生「去技術」效果，形成大批非技術或半技術的勞工，從事一些標準化的固定工作。「福特生產方式」在戰後大肆擴張後，已經不只是生產程式的技術改革，而是形成了更廣泛的經濟、社會和政治的制度結構性變革。（參見徐振國：〈生產方式和消費形態辯證互動的全球化趨勢〉，載國立政治大學國際關係研究中心《問題與研究》季刊，中華民國九十八年三月）。

第一，經濟增長階段。在當代世界，分析任何一個國家經濟增長格局和速度，都需要確認其經濟發展所處的階段。一般來說，因為彼此的經濟發展階段不同，發展中國家的經濟增長速度明顯快於發達國家，而發達國家的經濟增長速度低於新興市場國家。美國經濟學家羅斯托在 1960 年提出的「經濟成長階段論」，對於分析今天中國的經濟發展階段依然很有幫助。[16] 根據羅斯托的理論，中國目前顯然完成了起飛階段，處於向「技術成熟」和「大眾消費」階段的過渡時期。不論是依據統計資料還是經驗觀察，1980 年代是中國經濟起飛的準備階段，從 1990 年代初至 2010 年前後則是中國經濟的起飛階段。在起飛階段，經濟增長需要加速度，一般國家如此，對中國這樣的巨型經濟體尤其如此。但是，一旦中國開始進入向「成熟技術」和「大眾消費」階段的過渡時期，經濟增長的放慢就是不可避免的。主要原因是：「成熟技術」的前提是知識經濟。建立知識經濟需要資本和人力資源對教育和科學技術大規模地、長期地投入，還需要教育、科研和企業制度的配套改革，中國在所有這些方面都是剛剛起步。而實現「大眾消費」，需要整個社會將注意力從供給轉到需求，從生產轉到消費，將越來越多的經濟資源引導到耐用消費品的生產和大眾服務領域。現階段的中國，告別貧困不久，社會財富分配不合理，貧富差別嚴重，中產階級成長緩慢，區域發展不平衡，民眾消費能力不足。中國還面臨著要對傳統農業

16 羅斯托（Walt Whitman Rostow）將一國社會經濟的發展分為六個大的階段，即（1）傳統社會，（2）為「起飛」創造條件的階段，（3）「起飛」階段，（4）向技術成熟過渡，（5）高額大眾消費時代，（6）「後工業社會」。

和工業補課的問題。例如，在農業領域，如何避免糧食大規模減產和發生糧食危機；在工業領域，如何在發展資本和科學技術部門的同時，避免勞動密集型產業過早或過快地衰落，以維持就業水準。特別是，不論進入「技術成熟」，還是「大眾消費」階段，都需要進行政治和社會制度的進一步變革。所有這些問題表明，中國要全面進入大眾消費階段，還需要相當的時間，要建成一個福利社會，是一個更為遙遠的目標。目前有一種看法認為，以高檔耐用消費品普及化、住宅建設熱潮和閒暇消費興起作為標誌，經濟正在從過分依賴投資驅動轉型到倚重消費拉動，所以中國已經步入「大眾消費」階段。這種看法的根據沒有普遍意義，與實際差距甚遠，並不代表中國的整體狀況。總之，與「經濟起飛」階段相比較，向「技術成熟」和「大眾消費」階段的過渡，需要更長的時間，經濟增長速度不可避免地會發生減速。

第二，經濟週期。任何經濟體，都受制於經濟週期的影響。中國在計畫經濟時期，也沒有超越經濟週期規律。那時的經濟週期，一般為期五年左右。影響週期的主要因素是農業經濟與五年計畫相關的工業投資和政治運動。[17] 進入經濟改革開放時期，計畫經濟時代的週期規律被打破，經濟週期明顯的模糊化，呈現紊亂、滯後和延遲等特徵。中國經濟學家在解釋這個時期的經濟週期現象時陷

---

17 當時中國受農業影響極大，農業週期一般是一個豐年、一個歉收年、兩個平年。這種週期非常近似英國經濟學家約瑟夫・基欽（J. Kitchen）於 1923 年提出的「小週期」理論。根據這種理論，週期大約以 40 個月（3-4 年）左右為一個週期，是農業豐歉影響食物價格所造成的心理變化有節奏的運動的結果。

入了困境。有一種解釋是以 1970 年代末至 1990 年代末的 GDP 增長率為主要根據，提出這個時期經歷了四輪完整的波動期（1977-1981，1982-1986，1987-1990，1991-1999），經濟週期特點分別是：增勢平穩，「增長型」占主導，沒有發生經濟負增長；波峰和波谷的落差縮小在「高位型」向「中位型」變動之間；週期波動係數顯著下降；經濟增長的內在穩定性提高。在此基礎上，他們將中國經濟週期概括為「高谷底、低峰值、長平台」。[18] 這樣的週期分析，顯然背棄了經濟週期終究與繁榮和蕭條相聯繫的根本特徵，換句話說，沒有了繁榮和蕭條，哪還有週期可言？為了自圓其說，有學者創造了一種 「反週期」 理論，即政府通過實施行政干預和宏觀調控政策改變了週期。也就是說，中國經濟週期的內在機制和規律，是可以通過政府的「反週期」政策和實踐加以改變。按照這種「反週期」理論的邏輯，中國經濟可以徹底擺脫經濟蕭條的陰影，持續處於高增長和繁榮狀態。這無疑是不足為信的理論。中國在過去三十餘年，因為持續的高速經濟增長，確實在很大程度上掩蓋和干擾了其經濟體內部的經濟週期機制，但是，並沒有可能消除經濟週期的規律。進入 2012 年，由於經濟增長放慢，經濟週期「水落石出」，原本遭到掩蓋和干擾的那些造成經濟週期的因素開始全面顯現。這些因素包括創新因素、政治性週期因素，以及貨幣化、投資週期、消費週期和社會預期心理，等等。不僅如此，長期處於壓抑

---

18 許光和袁恩禎 〈20 世紀 90 年代以來我國經濟週期新特徵及「反週期」，經濟政策的有效性」〉，《廣東商學院學報》，2006 年第 6 期。

狀態的長、中、短三種週期的跡象開始同時呈現，[19] 形成制衡經濟增長的大環境。其中，最值得注意的是技術創新長波因素的作用。根據熊彼特的創新理論，每個週期取決於新技術、新產品和新領域等創新活動的勃興和衰落。[20] 中國不得不告別以往依靠投資拉動的粗放型增長模式，過渡到以「創新」為特徵的經濟增長模式。這意味著，創新等影響長波的因素開始發揮作用，勞動密集型產業主導的經濟週期步入尾聲，過去的產業結構均衡開始被解構，經濟制度有待全面調整。繁榮需要創新，創新引起模仿，模仿打破壟斷。但是，中國的現實卻是高度壟斷的經濟制度，畸形的資本和技術市場，抑制競爭和企業家成長，不利於創新。中國只有兩種選擇：或者制度變革，推動創新；或者繼續壓制創新的體制。但是，不論是哪一種選擇，經濟增長成本都會提高，增長速度放慢不可避免。

第三，產業結構。產業結構方面的問題，首先發生在實體經濟和非實體經濟之間，主要是貨幣金融經濟失衡。貨幣金融經濟市

---

19 中週期理論，一般稱為「朱格拉週期」，是法國經濟學家朱格拉（C. Juglar）於 1862 年在其著作《法國、英國及美國的商業危機及其週期》中提出的。週期波動時間是 9-10 年。長週期理論，也稱「康得拉季耶夫」週期，是俄國經濟學家康得拉季耶夫（N.D. Codrulieff）在 1925 年提出的。根據這個理論，資本主義經濟存在 50-60 年的經濟週期。美國經濟學家庫茲涅茨（S. Kuznets）於 1930 年提出了一種與房屋建築相關的經濟週期，平均長度為 20 年。這也是一種長週期。

20 經濟學家熊彼特（Joseph Schumpeter）通過創新理論解釋經濟週期理論。根據這一理論，創新是指一種新的生產函數，或者說是生產要素的一種「新組合」。 生產要素新組合的出現，會刺激投資擴張，實現經濟的發展與繁榮。而當創新階段過去，沒有大規模投資，經濟就會進入停滯和蕭條時期。這種情況只有到新的創新出現才會被打破，再次進入投資湧現和經濟繁榮時期。

場化滯後。其次是工業內部結構問題，雖然勞動密集型產業已經相對下降，資金密集型產業和技術密集型產業出現增長，但是，工業結構總體水準仍處於較低層次，技術密集型產業仍未發揮主導作用。簡言之，就是高加工度化和技術集約化部門落後。[21] 例如，資訊技術、生物工程技術、航天技術、先進製造技術、新能源開發技術等高新技術產業尚處於起步階段，促進產業結構的升級和經濟增長的創新結構尚未全面形成。再次，產業結構還是一個動態概念。近年來，加工工業的數碼化，引發了新的工業革命。3D 印刷機正在實現資訊革命、網路革命和加工工業的融合，是這場革命的重要標誌。其意義遠遠超過 18 世紀英國主導的紡織，20 世紀初以福特工業生產線和企業管理代表的工業革命，顛覆了人們的工業生產概念。工業化由此從 2.0 版跳躍到 3.0 版。所以，中國至今所完成的不過是傳統意義的工業化。要實現 3.0 版的工業化，必須改造工業結構，為此，需要時間、資本和人力資源的投入。

第四，人口年齡結構。在當代世界，人口的年齡結構和經濟增長之間，存在著不可置疑的相關聯繫。這是因為不同年齡組的人的經濟行為，如生產、儲蓄、消費、投資行為等，存在著「異質性」，且通過一系列仲介變數最終影響經濟增長方式。一個年輕人口比重大的社會，勞動力撫養負擔較小，勞動力供給充足，容易產生有利

---

21 所謂高加工度化，就是輕、重工業以原材料工業為重心的結構完成了向以加工、組裝工業為重心的結構的轉換，工業結構以生產初級產品為主向生產高級複雜產品為主的轉換，表明工業加工程度深化，以及加工組裝工業的發展變化速度大大快於原材料工業的發展速度。

於經濟增長的所謂「人口紅利」。中國過去三十年，大體是工作年齡人口占比不斷上升，勞動力充裕和價格相對低廉的時期，是高速經濟增長和「人口紅利」積極互動時期。[22] 同時，這也是中國全面實行計畫生育政策的時期，生育率下降，並導致中國在 21 世紀過後不久快速進入社會人口老齡化的過程。作為中國最大城市的上海，60 歲以上的人口已經超過五分之一。到 2030 年，這一比例將達 40%。預計到本世紀中葉，中國人口中將有 1/3 達到 60 歲以上，老年人口 4.38 億。[23] 人口結構老化，使家庭和社會的老年瞻養負擔加重，養老金支出水準和總量進入持續增長期；曾經的儲蓄主體轉變為消費主體，高儲蓄時代隨之而去；老齡群體退出勞動力市場，減少勞動力供給，加之新生代自願失業人口增加和不再愛勞動的人口增長，勞動力成本將不可抑制地上升。所有這些都將導致「人口紅利」減少和消失。從根本上解決中國人口老齡化問題，無非是兩個方法：調整人口政策，逐漸增加新生人口比重，改變人口年齡結構；提高勞動生產率。但是，不論人口年齡結構的改變，還是勞動生產率的提高，都是短期內沒有可能實現的。

第五，生態環境。過去二、三十年以規模擴張為主的外延式增長模式，持續地損害和破壞了生態環境系統。如今，環境、生態、

---

22 最近，有經濟學家說：中國廉價勞動力減少所影響的是「舊人口紅利」，而現在中國正在進入由人數眾多的技工所構成的「技工時代」，並產生「新人口紅利」。這樣的說法偷換了「人口紅利」的概念。人口紅利的前提就是廉價的和充裕的勞動力供給。而技工是需要培訓的，是有成本的勞動力資源。

23 〈中國的老人將淹沒這個國家〉，《洛杉磯時報》，2010 年 7 月 6 日。

災害和資源四大生態環境問題共存，相互疊加、相互影響，呈現系統性、複合性和難以逆轉的趨勢。此外，還不斷有新的人為因素導致生態環境危機，例如所謂的「轉基因工程」。面對同時並存的經濟增長壓力和生態環境危機，中國的選擇空間其實有限：其一，盡可能延長原有的經濟增長模式，積累實施改善生態環境的財富存量。但是，因為中國經濟基數已經過大，加劇對生態環境資源的消耗，生態環境惡化抵消解決經濟增長的效益，如果要扣除環境成本，社會財富存量會大幅降低。更為嚴重的是，現存的增長方式所引發的生態環境惡化，嚴重影響公眾健康，導致醫療支出攀升，侵蝕居民有限財富，觸發更多的群體事件。公眾不得不為此支付健康和金錢成本；政府則要支付更多「維穩」成本。其二，改變原有的經濟增長模式，改變經濟結構和資源配置。例如，關閉或者改造所謂的「高投入、高消耗、高排放、難循環、低效率」的產業和工廠，勢必引起失業和增長低落。其三，發展「生態現代化取向」產業，建立新的經濟增長點，實現經濟增長模式的置換。目前，中國上下都在講「環保產業」、「循環經濟」和「低碳經濟」，但是，實踐證明，對於這些產業的投入和效果是不成比例的。總之，上述任何一種選擇，都表明了生態環境不僅已經開始制約經濟的高增長，而且制約的強度會不斷加重。

　　事實上，約束中國經濟增長的因素還不止上述五個方面。可以肯定的是，高增長時代結束。但是，從經濟決策層、各級政府、主流經濟學家，都已經習慣了高增長，拒絕接受這樣的事實，以為只要改變經濟增長模式，尋求新思路和新辦法，還可以刺激經濟高增

長。在短期內，某些刺激手段可能還有效果，但是，長程的代價將會更大。中國的可持續經濟增長，最終取決於是否可以完成從「外生增長」模式向「內生增長」模式的轉變。[24]「內生增長」的核心機制是通過學習，知識積累，形成內部自創的優勢。建立知識經濟和創新體系。中國要實現這樣的轉變，需要改變經濟、教育和科研制度。

六、關於城市化和城鎮化

進入 21 世紀以來，中國城市化大躍進。人們對於城市化的前景普遍抱樂觀態度。諾貝爾經濟學獎獲得者斯蒂格里茨說過：影響未來世界的是兩大經濟事件，一是美國高科技發展，一是中國城市化。2011 年，中國的城市化率達到 51.3%，城鎮人口首次超過農村人口。中國城市化進入關鍵發展階段。2012 年 11 月中共十八大之後，政府、學界和媒體，將中國未來經濟增長寄託於城鎮化，並且形成了輿論熱潮。[25] 中國的真實情況是：城鎮化和城市化已經不可

---

24 外生增長 (Exongeneity growth) 是指經濟繁榮主要取決於外部，例如對外貿易，而不是內部因素。其分析方法是以一個固定的勞動量和靜態技術為前提。內生增長（Endogenous growth）是認為經濟能夠不依賴外力推動實現持續增長，內生的技術進步是保證經濟持續增長的決定因素。

25 據中國媒體披露：國家發改委主導的《促進城鎮化健康發展規劃 (2011-2020 年)》初稿已編製完成，規劃涉及 20 個左右城市群、180 多個地級以上城市和 1 萬多個城鎮的建設。據估計，城鎮化將在未來 10 年拉動 40 萬億元的投資（趙怡雯：〈農民工市民化成本大增 新一輪城鎮化錢從何來〉，《人民網》，2012 年 12 月 25 日）。

分割，而城市化已經逼近極限。這樣的判斷主要基於以下原因：

第一，城市的擴張和小城鎮空間的喪失。中央政府自 1980 年代初期以來的各個五年計畫，都重申實行控制大城市規模，發展衛星城市，中、小城市和小城鎮的「城市發展戰略」。但是，中國的城市化基本背離這樣的戰略和規劃。這是因為，實行「縣改市」和「中心組合」模式，急遽壓縮了小城鎮的空間。[26] 同時，已有的城市用地空間不斷擴張，不僅中心市區擴大，市區邊界和市域邊界重合，而且增加各種類型的開發區和新區，將城市週邊的鄉鎮直接吸納到城市體系之中。在中國的城市化過程中，在各地大城市擴張速度不斷加快的同時，中等城市個數與人口規模也在增加和擴大。不僅如此，大都市和城市群主導的城市化新格局正在形成。所有這些事實，反應在相關的統計上，就是城市數目持續增加，而鎮的數目相應減少。在表面上中國的城市化似乎與世界的城市化歷史，特別是大都市化和城市集群化相一致，但是，就其土地成本、資本來源、政府作用、形成方式和機制，以及受益者等方面都與世界城市化的內涵有很大的不同。

第二，城市化或城鎮化和農村空間減少、農業用地惡化。城市化的主要動力是擴大城市占地面積，表現為房地產業擴張。政府通過徵用農民土地，縮減集體土地，擴大國有土地。十數年來，城市

---

26 所謂「縣改市」模式，即將整個縣（自治縣、旗）改為市，有的是幾個縣合併設置一個市，現有的市 70% 以上是採用縣改市模式。所謂「中心組合」模式，即將幾個市合併成一個市，各城市之間的農村也納入城市範圍。重慶市是「中心組合」模式的典型案例。

化通過「滅村運動」，實現了對農民土地的大規模和高速度地再剝奪。2012 年 2 月，中國社會科學院社會學研究所提供了一組資料：在 1990 年到 2010 年的 20 年間，中國的行政村數量，由於城鎮化和村莊兼併等原因，從 100 多萬個銳減到 64 萬多個。根據另一個統計口徑：中國從十年前的 360 萬個村落，減少到現在的 270 萬個，[27]也就是說，在過去十年間，每天消失 80 至 100 個村落。在沒有消亡的村落中，還有很高比例的「空心村」，即所謂的產業空、青年空、住房空、鄉村幹部空。如此下去，不僅是農業用地還在不斷被侵蝕，流失和破碎化，而且是農村的空間遽減少，農村繼續凋敝、衰落、消亡。廣大農村人口正在失去自我存活的最後保障。

　　第三，城市化難以持續地為農民提供就業機會。中國現階段的城市化，或者城鎮化，已經和工業化逐漸分離。以北京、上海、天津和廣州這樣的大都市為例，在城市規模擴張的過程中，不但沒有增加第二產業，而且是排擠第二產業，那種城市化、工業化和農民進城當工人的傳統模式不復存在。城市的就業機會主要集中在服務業，農民缺少競爭優勢。特別是，在城市的生存成本過高，這是絕大多數農民所無力承受的。會有這樣的時候，當城市房地產業和基礎設施建設的高峰期過去，城市不能繼續為農民工提供足夠的就業機會，農民工又難以在城市自主就業，而原本的家園已經消失或者衰敗，重新成為農民不再可能，數以億計的農民工會成為流動型「失業人口」，數倍於城鎮的失業人口。這種農民工失業群體將是

---

27 〈過去 10 年全國每天消失 80 個自然村〉，《杭州日報》，2012 年 10 月 28 日。

中國不得不面對的問題。

第四，城市開發強度正在逼近極限。城市開發強度是指一個區域當中的城市占有空間的比重。中國山地和高原占國土面積的60%，平原面積低於40%，適宜工業化和城市化開發的面積大約在180萬平方公里左右，扣掉必須保護的耕地和已有的城市用地，中國今後能夠進行城鎮化和工業化開發的面積不過是27萬平方公里，不到全國陸地國土總面積的3%。這就是極限。從個別城市化地區看，開發強度已經過高。上海的開發強度已經達到36.5%。北京的開發強度接近48%。而倫敦城市開發強度不過是23.7%，東京城市開發強度最高也只有29.4%。[28] 開發強度過高，說明在一定空間內集聚的經濟和人口規模過大，同時意味著生態空間和農業空間的相對減少，意味著提供農產品和優質生態產品的能力在減弱。

第五，城市的生態系統日益脆弱。水資源是城市產生和發展最為基本的條件。古今中外，莫過如此。但是，自1990年代以來，中國城市的水資源供需矛盾不斷升級，缺水範圍擴大，缺水程度加深。目前，在全國660個城市中，缺水的城市超過二分之一，嚴重缺水的超過六分之一。同時，城市的水資源品質因為水污染蔓延而惡化。城市化進程既是農業用地轉為建設用地的過程，也是生態用地轉為建設用地的過程。所有這些，說明城市化的生態系統也在逼近極限。

值得注意的是，中國過去二、三十年的城市化，不是市場經濟

28 楊偉民：〈嚴格控制城市總面積的擴張〉，新浪網，2012年3月25日。

推動的結果，沒有經歷傳統城市的自然發育和成長過程，而是政府人為推動的結果，更像「城市化」運動，有著顯而易見的「揠苗助長」痕跡。這樣的城市化，不是緩和區域發展的不均衡，而是拉大區域經濟的失衡；不是提高空間經濟積聚效應，而是造成土地資源嚴重浪費、密度減少。在城市化過程中，形成了以房地產業為核心，包括政府部門和金融機構參加的利益集團，不斷外推城市邊界，刺激地域級差，共同分享因為城市化所形成的財富果實。有人說，房地產業綁架了城市化，並不過分。如果未來的中國經濟增長依靠新的一輪「城鎮化」，無疑是在更大的空間範圍內重複過去二十年城市化的模式，形成一次波及窮鄉僻壤的「城鎮化」運動。[29] 所不同的是，此次「城鎮化」需要突破城鄉「二元制」戶籍制度，實現農業人口的市民化。各級政府不僅需要向農民提供物質生活條件、就業環境和就業機會，還有基本的社會保障。可以肯定地說，在可以預見的將來，中國城市化和城鎮化將全面遭遇因為資本、空間、生態和制度在內的一系列「極限」的挑戰，不能夠克服和超越這些「極限」，關於「城鎮化」的「經濟潛力」之說，不過是一種幻覺而已。

七、關於執政黨、國家和社會

在 1980 年代，中國曾經有過「還權於民」和民主憲政導向的

---

[29] 據中國媒體：在 2012 年底之前，福建、雲南等地已經出爐城鎮化體系建設規劃方案，提出打破行政區約束，高調發布城鎮化目標。

中國改革的歧路

政治改革努力。但是，1989 年六四事件之後，這樣的政治改革完全停滯，繼續黨黨國體制，壓制民間社會。但是，這絕不是說，執政黨、國家和社會，以及它們之間的關係沒有變化。相反，過去二十餘年，執政黨、國家和社會，以及它們之間的關係都在發生改變。讓我們分別從三個層面來看：

第一，執政黨。在中國，執政黨就是共產黨，共產黨就是執政黨。但是，對於其內部的變化，人們往往注意不夠。其一，黨員人數膨脹。現在，中共黨員達 8,260 餘萬，因為沒有毛澤東時代的「吐故納新」，人數還會繼續增長。其規模足以使「共產黨」本身自成一個「社會」，或者說與社會的界限模糊化，其所謂「先進性」自然消失。其二，黨員年齡結構年輕化和高學歷化。其三，黨員的信仰多元化。雖然共產主義是規定的信仰，但是，大部分黨員沒有接受馬克思主義教育，不再相信共產主義理想。相反，更容易接受的是資本主義和不同宗教。有數量可觀的黨員皈依某種宗教。其四，黨不再是由無產階級組成的政黨。相當比例黨員是有產者，甚至是私人企業主、資本家。主導中共的核心集團和週邊集團，基本都是有產階級，而且是最富有的一群。工人和農民為主體的無產者政黨已經成為「有產者」主導的黨。江澤民曾經試圖通過「三個代表」來調和大量有產者成為黨員，或者原來的無產者黨員變為有產者這一違背黨章的矛盾。[30] 其五，黨內派別與經濟利益相聯繫。相當多

30「三個代表」的定義是：中國共產黨要始終代表中國先進社會生產力的發展要求；始終代表中國先進文化的前進方向；始終代表中國最廣大人民的根本利益。2001 年 7 月 1 日，「三個代表思想」成為中國共產黨指導思想，之後，被寫入《中國共產黨章程》和《中華人民共和國憲法》。

的各級黨委會正在股東化和董事會化。那種黨內派別鬥爭源於意識型態分歧的時代已經不復存在。其六，黨產及其所支配的財富膨脹。其七，黨的機構、權力擴張，官僚化。特別是黨的各級「一把手」，從支部書記到黨委書記和黨組書記，其權力之大，沒有力量可以制衡。其八，黨的意志不再可能凝聚社會的人心。其九，黨內鬥爭和黨外群眾運動結合維持統治的方式基本結束。其十，黨的領袖權威和個人崇拜不復存在。個人對領導權的絕對控制不再可能。所以說，今天的共產黨雖然還叫共產黨，但是，早已經不是 1957年儲安平批評那個「黨天下」的共產黨。[31] 與毛澤東時代的共產黨比較，與改革初期胡耀邦和趙紫陽任總書記的 1980 年代的共產黨比較，此共產黨非彼共產黨。人們還可以說，中國如今堅持共產黨一黨專政，但是，這個黨本身已經變了，既不是過去的革命黨，也不是現代國家的執政黨。可以肯定地說，若沒有政治變革和黨內民主化，這個黨已經走到了不可能繼續沿著過去模式運行下去的時刻。別的不說，當黨員人數超過一億的時候，共產黨勢必難以承受自身的管理成本。

第二，國家。中國仍舊是所謂的「黨國體制」。黨和國畢竟是不同的政治實體，其內涵是說黨可以控制國家，而不是說黨可以取代國家。改革開放以來，黨在變，國也在變，國家體系中的「內

---

31 儲安平（1909-1966？），江蘇宜興人，民國時期《觀察》雜誌社長。1957 年 6 月 1 日，發表〈向毛主席和周總理提些意見〉的講話，說「這幾年黨群關係不好」，「關鍵在『黨天下』這個思想問題上」。此時，他任《光明日報》總編輯。隨後被打成右派，失蹤。

生性」現代化力量開始形成。其一，國家綜合實力的提升速度快於黨對國家控制能力的擴展速度。國家的利益和黨的利益發生背離，彼此的利益覆蓋率下降，甚至發生錯位。在中共十八大期間及其之後，在黨內黨外都有腐敗會「亡黨」和「亡國」之論，越來越多的人清楚「黨」和「國」的差別，「亡黨」並非「亡國」。[32] 其二，地方實力全面擴大，中央集權體制衰弱，政令不出「中南海」的現象經常化和普遍化；其三，國家的立法機構擴張，專門委員會權力加強，成文的法律體系趨於健全；其四，司法部門實現「形式上」的獨立；其五，國家的公務人員的技術官僚化，形成獨立利益，在國家體系和黨的利益發生衝突的時候，更傾向於所在的國家系統。其六，國家資本主義迅速發展，形成壟斷國有企業和國家的「聯盟化」趨勢。其結果是強化國家所控制的資源基礎，推動國家利益和黨的利益分離。

第三，社會。中國還沒有形成現代公民社會。但是，這個社會已經多元化，不再是《1984》中描寫的，或者史達林、毛澤東統治下的極權主義社會。其一，對民眾思想控制基本失效。資訊革命打破了資訊封鎖和宣傳壟斷。其二，阻止信仰自由和各種宗教的傳播，基本沒有可能。其三，知識分子和民眾擁有日益擴大的話語空間。其四，以互聯網為基礎的網路社會迅速形成。其五，各種非贏

---

32 2012 年 12 月 19 日，經濟學家張維迎在「經濟觀察報・2012」年度觀察家年會」上提出了腐敗問題不解決，「是可能亡黨，但是不太可能亡國」的看法。張維迎顯然不贊同黨和國家是不可分割的。

利和非政府組織不斷湧現。其六，各種新形式的社區開始趨於穩定，並開始了「自組織」過程。其七，維權運動已經規模化。維權範圍從經濟利益到公民政治權利。其八，中產階級群體開始分化，其中不少人投入社會改革運動。過去，人們的普遍印象是，中國的新生中產階級始終沒有獨立生存和發展的空間，其中很大比例已被現行體制所同化，不能構成推動憲政民主的主力。這種情況正在發生改變。

雖然政府權力還在持續擴大，政治干預無所不在，政府不斷加大控制社會的資金和人力資源，設立管制社會事務的新部門、新機構，壓縮社會的自組織空間，但是，中國社會的自我覺醒、自我發育和自我組織不可阻擋。

黨、國家和社會之間的變化可以歸納為兩句話：黨開始「罩不住」國家，國家開始「罩不住」社會。黨、國家和社會之間的關係正從傳統的「單行線」變為「雙行線」：也就是從簡單的「黨」控制「國家」，「國家」再控制「社會」，轉變為「社會」可以影響「國家」和「黨」，社會的深層結構變化，社會各界對司法獨立、輿論監督的壓力，特別是來自社會底層各種形式的反抗，不斷刺激現代國家意識的復甦，國家行為已經開始與黨的系統保持至少是形式上的距離。「黨國體制」已經呈現出明顯的解構跡象。上述這些變化並不能說明現在的中國已經走上國家制度現代化之路和形成公民社會。但是，中國的國家制度現代化和公民社會的形成，已經不再是可能不可能的問題，而是實現的時間問題。

八、關於中國與全球化

毛澤東時代也是世界的冷戰時代，中國處於封閉狀態。在經濟上基本做到「獨立自主、自力更生」。在國際關係方面，雖然被長期排斥於聯合國之外，但是，中國是社會主義陣營中的一員和第三世界的朋友加領袖，奉行反帝、反修的立場。在文化革命期間，中國一度是「世界共產主義革命」的輸出國。自 1980 年代實施改革開放，恰逢冷戰時代走向結束，全球化興起。中國自覺不自覺地捲入全球化，實現了經濟成長和經濟起飛，參與了全球化的財富創造和財富的再分配，成為世界第二大經濟體。但是，中國在成為全球化的受益者同時，也不得不受制於全球化，以及全球化背後的世界經濟體系。中國即使想回到毛澤東「獨立自主，自力更生」的時代，也是斷然不可能的。中國所面臨的挑戰是嚴峻的。

第一，中國和國際分工。在過去二、三十年的全球化過程中，中國利用成本低廉和豐富的勞動力資源優勢，或者天然稟賦，在原有的工業化基礎上，建立了規模巨大的勞動密集型產業，成為國際生產分工體系中的世界工廠，保證外貿出口擴張。勞動密集型產業是中國的比較優勢所在，是中國吸引外資，跨國公司向中國轉移生產環節，以及中國實現加工工業產業集聚和國際貿易良性互動的基本動因。在中國加入 WTO 之後，中國製造一度席捲全球。但是，中國並沒有成為產品價值鏈上的主要收益者，中國製造意味著「薄利多銷」。正當中國經濟高度依賴國際分工的時候，勞動力價格全面提高了，加之人民幣升值，原材料和能源價格增長，中國製造的

低成本時代迅速完結。問題是，跨國公司是國際分工深化的微觀基礎與主導力量，中國廠商受控於跨國公司。一旦中國製造成本上升，跨國公司利潤空間縮小，就可以輕易轉移其製造基地。面對中國製造的優勢開始流失，中國在短期內改變自己在國際分工中的位置，建立資本、技術和知識密集型產業，或者成為資本金融大國，絕非易事。這是因為，這樣的轉變意味著要壓擠發達國家在國際分工中的空間，要以發達國家作為新的競爭對手，中國顯然還不具備基本的條件。進一步說，包括美國在內的主要發達國家都沒有停止經濟結構的調整和經濟制度的轉型，高科技和知識經濟的進步從來沒有停止，中國還有一個如何追趕的問題。

第二，中國和國際市場。中國依賴國際市場。過去二、三十年，中國的經濟增長依賴於國際市場的擴大和能源、原材料的持續進口。只要中國經濟無法超越「相對人口過剩—GDP增長—政府投資—生產和產能過剩」的框架，傳統國際市場（貿易）將繼續決定著中國經濟發展的選擇空間。也就是說，出口對中國還有一層更深刻的意義，不僅為了實現機械設備加工能力，而且為了變相輸出剩餘勞動力和生產能力。所以，中國從來沒有像現在這樣，一方面依靠世界市場吸納產品，另一方面更大規模地進口海外能源和其他資源，支援以出口為目的的生產。然而，在國際市場中，中國不論處於賣方，還是買方位置，都少有定價主權。且不講石油、黃金、高科技產品、鐵礦石、其他工業原料，就是農產品、高檔耐用消費品，甚至化妝品的定價權，或者被國際期貨市場控制，或者在國際零售商手中。而國際市場的定價權可以影響國內的價格結構，甚至

是造成通貨膨脹的外部原因。加工工業尚且如此，金融業、旅遊業和其他產業，幾乎都不可能離開國際資源和國際市場。特別是，近年來，有更多的發展中國家開始經濟起飛，他們正在重複著中國曾經的優勢，建立和發展勞動密集型產業，成為中國在發達國家市場上的競爭對手。

第三，中國和世界經濟的「遊戲規則」。中國要參加全球化，就不得不接受世界經濟的「遊戲規則」。從生產、會計、法律、國際收支平衡表，甚至和經濟活動相關的話語系統，都要遵循西方商業社會的標準。在國際金融市場、資本市場和貨幣市場領域，尤其如此。事實是，中國的資本帳戶開放、人民幣匯率浮動、人民幣國際化、人民幣離岸市場的建立、外匯儲備結構的變動、所持美國巨額國債和其他債券的數量調整，向資本輸出國的轉型，都難以超越既定的世界貨幣金融框架。2009 年春天，在世界性金融危機發生不久的倫敦 G20 金融峰會前後，中國多位財經高官，就所謂「國際金融貨幣體制改革」問題發出聲音，闡述因為美國政府失職造成了這次金融危機和經濟危機的中國立場，並提出「建立超主權的國際儲備貨幣」主張。但是，世界對「超主權儲備貨幣」的建議反響有限。即使在國際貨幣基金組織內部，也基本沒有接受中國宣導和支持的任何改革建議。這段歷史說明，中國對於世界經濟體系和機構，尚未具備實質性影響力，更現實的選擇是繼續保持和世界銀行、國際貨幣基金組織，以及各發達國家金融機構的合作關係。中國的貨幣政策，不僅要考慮國內因素，還更要重視國際因素。例如，美國聯邦儲備銀行的加息或減息對中國的影響會強化而不是弱化。

國際資本市場對中國資本市場的影響力同樣會不斷增加。所以，中國實際上難以實現對所謂「熱錢」的一勞永逸的控制。

現在，中國與全球化，與世界經濟關係正處於一個轉捩點：從全球化得到的邊際收益下降，在發達國家和新興市場國家的擠壓下，「後發優勢」流失，日益受制於現存的世界經濟格局和經濟秩序。中國雖然開始形成改變世界經濟格局和經濟秩序的意向，但是，因為並不具備可以影響世界經濟格局和走向的勢力，而且對全球化的「路徑依賴」還在深化，所以，在可以預見的未來，中國經濟實力的增強，不意味著著中國可以有效地影響世界經濟秩序。這不僅因為少數國家可以隨意調整世界經濟秩序的時代已經基本完結，而且因為世界經濟秩序的基礎是商業社會，是公司，是大眾消費者，而商業社會、公司和大眾消費者需要的是穩定的利益分配和利益預期。

小結

經過二、三十年的改革，人們發現，中國非但沒有改變毛時代的那個社會主義的制度性缺陷，反而在嵌入資本主義制度的過程中，發生了兩個制度中的不良遺傳基因的雜合和變異：公有制沒有了，真正的私有制沒有建立起來，只有國家壟斷主導的「產權」體系；按勞分配沒有了，福利分配制度沒有可能，只有按「權」分配；平均主義沒有了，機會平等無法實現，只有「弱肉強食」的「叢林法則」。歷史證明，中國共產黨可以有效地解決「貧窮中國」的國

民分配問題，但是，卻沒有能力解決「富裕中國」的國民分配問題。所以，這樣的制度轉型與大多數民眾利益背道而馳，導致經濟和政治體系處於非均衡和非穩定狀態，面臨著解構和失序的危險。

面對如此失敗的和喪失民心的轉型，執政者們的選擇無非是兩種：其一，拒絕「改弦更張」，在現有的制度框架下，盡可能地「拖延時間」，希望通過時間使得很多社會矛盾獲得自然解決。[33] 當然，也會做一些局部性工作，諸如整肅「貪汙腐敗」，以緩和官民對立。這種選擇，不能治「本」，勢必導致各種經濟、政治和社會問題的進一步聚變。因此，究竟歷史還給多少「拖下去」的時間，本身就是一個問題。其二，「改弦更張」，盡快開始包括經濟和政治制度的「再轉型」，開啟民主化進程，再建市場經濟和發展公民社會。為此，需要提出政治改革時間表和路線圖，實現全民共識。只有這樣的選擇，方可以最低的歷史成本換取最大的歷史進步。

---

33 以「官員財產公開」為例，儘管社會輿論不斷上升，但是，當局一拖再拖。2012 年末，在海內外熱議中共七常委欲「帶頭公布個人財產」之際，中國共青團中央機關報《中國青年報》發文稱，官員財產公示還要再等 20 年。並且強調：「這對我們這個超大型國家來說，速度不算慢，而算快。」（〈讓新提拔官員公開財產為何更可行〉《中國青年報》，2012 年 12 月 27 日）。

後記

　　這本書源於台灣中央研究院的陳宜中先生、錢永祥先生，以及訪問學者王超華女士對我的訪談。那是時空跨度很大，暢所欲言的一場談話。它的文字稿〈中國改革的歧路〉發表在 2012 年 11 月《思想》雜誌上。簡體字刪節版在「共識網」以《中國改革的道路》為題被轉載，引來大量讀者。聯經出版公司發行人林載爵先生和錢永祥、陳宜中兩位先生商議，在訪談的基礎上出一個單行本，集中闡述對中國改革道路的思考。於是決定將「講演」和「筆記」一併收入。

　　我十分珍惜與這三位先生通力合作的日子。他們有極高的學術素養，對中國充滿關懷之心。在此特別感謝錢永祥先生作序；陳宜中先生細緻地編輯加工；徐振國先生提供思想性建議；編輯沙淑芬小姐的高效率。感謝夫人柳紅，我思想醞釀和產生過程中的傾聽和提問者。還要感謝夏鑄九教授，是他，促使我決定向國科會申請來台講學，經過繁複的審查評議程序，於今年 9 月到國立台灣大學教授空間經濟學、區域發展和城市化。同在一座城市，也成就了這本書。

　　海外流亡二十三年，無法直接參與中國改革，卻不能停止觀察這個歷史演進過程，思考中國及中國人的命運。作為個人，我能做的非常有限。如果能以一種獨特而獨立的角度和立場，將複雜的中國問題說得清楚一點，觸發人們更多的思考，也算盡了一份責任，更是一份心願。

朱嘉明

2012 年 12 月 28 日於國立台灣大學

中國改革的歧路

聯經文庫
中國改革的歧路

2013年1月初版　　　　　　　　　　　　　　　　　定價：新臺幣220元
有著作權・翻印必究
Printed in Taiwan.

		著　　　者	朱　嘉　明
		發　行　人	林　載　爵

出　版　者	聯經出版事業股份有限公司	編　　　輯	沙　淑　芬
地　　　址	台北市基隆路一段180號4樓	校　　　對	呂　佳　真
編輯部地址	台北市基隆路一段180號4樓	封面設計	沈　佳　德
叢書主編電話	(02)87876242轉229	內文排版	江　宜　蔚
台北聯經書房	台北市新生南路三段94號		
電　　　話	(02)23620308		
台中分公司	台中市北區健行路321號1樓		
暨門市電話	(04)22371234ext.5		
郵政劃撥帳戶第0100559-3號			
郵撥電話	(02)23620308		
印　刷　者	世和印製企業有限公司		
總　經　銷	聯合發行股份有限公司		
發　行　所	新北市新店區寶橋路235巷6弄6號2樓		
電　　　話	(02)29178022		

行政院新聞局出版事業登記證局版臺業字第0130號

本書如有缺頁，破損，倒裝請寄回台北聯經書房更換。　ISBN　978-957-08-4128-2 (平裝)
聯經網址：www.linkingbooks.com.tw
電子信箱：linking@udngroup.com

國家圖書館出版品預行編目資料

中國改革的歧路/朱嘉明著．初版．臺北市．
聯經．2013年1月（民102年）．192面．14.8×21公分
（聯經文庫）
ISBN　978-957-08-4128-2（平裝）

1.中國大陸研究

574.1　　　　　　　　　　　　　　　101027444